知的生きかた文庫

東大脳クイズ
——「知識」と「思考力」がいっきに身につく

QuizKnock

JN102346

三笠書房

はじめに

　本書を手に取っていただきありがとうございます。
（株）QuizKnock代表の伊沢拓司です。

　本書は2018年に主婦の友社から刊行した『無敵の東大脳クイズ』を文庫化したものです。

　文庫化に際し、一部の問題を新規に作成した問題に差し替え、新たに東大生正答率を調査し直しました。また、解答ページには、QuizKnockメンバーのコメントを新しく入れています。

　本書の特徴としては、
- **収録問題数の多さ**
- **ジャンルの幅広さ**
- **東大生とのバトルを楽しめる**

が挙げられるでしょう。

　この作品が世に解き放たれた以上、どのように楽しむかは読者のみなさんに100%委ねられています。

　1ページ目から解くもよし、東大生正解率の低い問題だけに挑戦するもよし、解説から読むもよし、友達と出し合うもよし、イベントで使用するもよし……遊び方は多種多様です。

なので、どう使っていただいても構いません（盗用だけはNO！）。

　そのうえでひとつお願いするとしたら、ぜひ「遊んで」ください。

　クイズはどうしても「お勉強」っぽさを伴うものです。今回収録した問題のなかにも、「学校で習った！」みたいな問題が少なからずあります。

　ともすると「これで教養をつけよう」と意気込んでいただけるかもしれません。

　それは本当にありがたいことなのですが、これだけ問題数があるので肩肘張っていると疲れちゃいます。

　ですから、ぜひ正解や誤答に一喜一憂して、勝者を称え、敗者を労い、常に遊び心を持って読んでいただければ幸いです。

　教養とか知識とかのややこしいものは、遊んでいるうちに少しずつ、ついてくるはずですから。

伊沢拓司

Contents

僕たちと一緒にクイズを楽しもう!

本書の楽しみ方

問題ページ

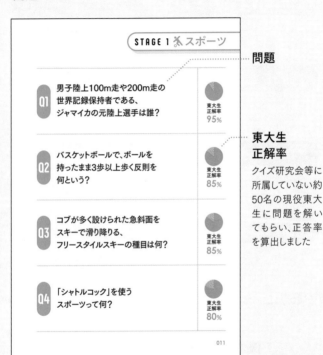

STAGE 1 🏃 スポーツ

問題

Q1 男子陸上100m走や200m走の世界記録保持者である、ジャマイカの元陸上選手は誰？

東大生正解率 95%

Q2 バスケットボールで、ボールを持ったまま3歩以上歩く反則を何という？

東大生正解率 85%

Q3 コブが多く設けられた急斜面をスキーで滑り降りる、フリースタイルスキーの種目は何？

東大生正解率 85%

Q4 「シャトルコック」を使うスポーツって何？

東大生正解率 80%

011

東大生正解率

クイズ研究会等に所属していない約50名の現役東大生に問題を解いてもらい、正答率を算出しました

東大生とリアルに対決！
力だめしができます！

解答ページ

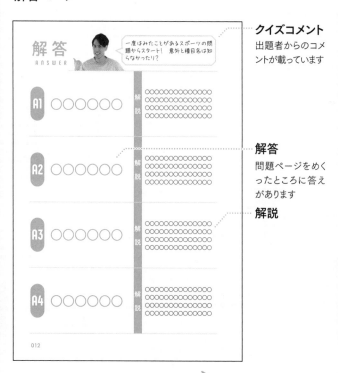

クイズコメント
出題者からのコメントが載っています

解答
問題ページをめくったところに答えがあります

解説

一度はみたことがあるスポーツの問題からスタート！ 意外と種目名は知らなかったり？

解答
ANSWER

A1 ○○○○○
A2 ○○○○○○
A3 ○○○○○
A4 ○○○○○○

解説

012

QuizKnockメンバーの
コメントも必見です！

QuizKnockとは…

クイズノック

QuizKnockメンバー紹介

伊沢拓司 Takushi Izawa

（株）QuizKnock CEO。東京大学農学部大学院農学生命科学研究科中退。東京大学在学中にwebメディアQuizKnockを立ち上げ、編集長を務める。「高校生クイズ」2連覇、「東大王」優勝などの戦歴を誇るクイズ王。趣味はスポーツ観戦。

河村拓哉 Takuya Kawamura

東京大学クイズ研究会(TQC)OB。QuizKnockの立ち上げから関わるメンバーで、現在は動画の企画・出演を中心に活動している。コスパ度外視の動画企画を立ち上げがち。

ふくらP Fukura-P

本名は福良拳。動画プロデューサー。2016年12月にWEBライターとしてQuizKnockに加入。YouTubeチャンネルの開設当初から動画の企画、出演、編集を行っている。マイブームはパズル。

>> 東大クイズ王・伊沢拓司が中心となって運営する、エンタメ
と知を融合させたメディア。YouTubeチャンネルの登録者
数は、2020年7月時点で140万人を突破!

こうちゃん Ko-chan

本名は渡辺航平。東京大学法学部卒。
QuizKnockには2017年6月に加入。動画の企
画や出演、管理などを行っている。クイズの得意
ジャンルは歴史。

山本祥彰 Yoshiaki Yamamoto

早稲田大学先進理工学部応用物理学科卒業。
2017年11月、QuizKnockに加入。動画の企
画・出演や謎解きの制作を担当している。好き
な食べ物は寿司。

須貝駿貴 Shunki Sugai

東京大学大学院総合文化研究科在籍。専門は
物性理論(超伝導)。日本物理学会の「学生優
秀発表賞」を受賞するなどの実績がある。
QuizKnockでは「ナイスガイの須貝」として動
画に出演。筋トレが生きがい。

QuizKnock

STAGE 1

スポーツ

いろんな競技のルールや歴史、選手まで、多種多様なクイズに挑戦！ 知識があればスポーツの深みも増す！ 観戦するときも楽しさ倍増間違いなし！ 日本ではまだあまり有名でないスポーツも、これを機に始めてみてもいいかも？

出題者
須貝駿貴
Shunki Sugai

Q1 男子陸上100m走や200m走の
世界記録保持者である、
ジャマイカの元陸上選手は誰?

東大生
正解率
95%

Q2 バスケットボールで、ボールを
持ったまま3歩以上歩く反則を
何という?

東大生
正解率
85%

Q3 コブが多く設けられた急斜面を
スキーで滑り降りる、
フリースタイルスキーの種目は何?

東大生
正解率
85%

Q4 「シャトルコック」を使う
スポーツって何?

東大生
正解率
80%

解答
ANSWER

一度はみたことがあるスポーツの問題からスタート！ 意外と種目名は知らなかったり？

A1 ウサイン・ボルト

解説

100m走の世界記録は9秒58、200m走の世界記録は19秒19である。オリンピックでは通算8個の金メダルを獲得し、2017年の世界陸上ロンドン大会を最後に引退した。

A2 トラベリング

解説

トラベリングなどバスケにおける軽い反則をバイオレーションと呼ぶ。ちなみにハンドボールでボールを持ったまま4歩以上歩くと反則で、反則名は「オーバーステップ」。

A3 モーグル

解説

滑り降りるスピードや芸術点を競う。途中2度のジャンプを入れることが必須で、その際には「エア」と呼ばれる空中技が行われる。

A4 バドミントン

解説

その名前の由来には諸説あり、かつては鶏の羽根を用いて作られたから、布を織る杼（ひ）が行き交うさまに似ているから、などの説がある。現在は半球状のコルクに羽根を16枚つけたものが正式なシャトルコックとされている。

Q1 ゴルフで、パー 4 のコースを
2 打で入れた場合、
何と呼ばれる?

東大生
正解率
75%

Q2 テニスで、2 回続けてサーブを
失敗することを何という?

東大生
正解率
70%

Q3 バレーボールで、攻撃に参加しない
守備専門の選手を何という?

東大生
正解率
65%

Q4 フランスの国民的イベント
「ツール・ド・フランス」は、
何のスポーツの大会?

東大生
正解率
65%

解答
ANSWER

ちなみにリベロ (libero) は英語の "liberty" と同語源！ ラテン語の "liber" (自由な) からきているよ

A1 イーグル

解説

ゴルフのホールごとのスコアには鳥の名前がついており、規定打数（パー）より1打少なくなるごとにバーディ（小鳥）、イーグル（鷲）、アルバトロス（アホウドリ）……と呼ばれる。

A2 ダブルフォルト

解説

テニスはサーブを打つ側が有利なスポーツ。1度目のサーブは強く打ち、それが失敗（フォルト）に終わると正確性重視に切り替える。それでも適切なゾーンに入らない場合はダブルフォルトとなり、相手に点が入る。

A3 リベロ

解説

イタリア語で「自由な」という意味。ネットより高いところのボールをアタックすることやサーブを打つことはできないが、何度でも交代でき、守備のために動き回る。

A4 自転車

解説

ツール・ド・フランスは毎年7月に3週間かけてフランス周辺にて行われる、世界最高峰の自転車ロードレースである。見どころが多く、他のレースに比べ圧倒的知名度を誇る。

Q1
オリンピックメダルの開会式。
必ず先頭で入場する国はどこ？

東大生
正解率
65%

Q2
サッカーの1チームは11人。
ではフットサルの1チームは何人？

東大生
正解率
60%

Q3
最初は投手として活躍したが、
打者としても天才的才能を発揮し、
メジャー通算714本のホームランを
打った名野球選手は誰？

東大生
正解率
60%

Q4
ブラジル代表を3度のワールドカップ
優勝へと導き、「サッカーの王様」や
「サッカーの神様」と呼ばれた
ブラジルの伝説的サッカー選手は誰？

東大生
正解率
50%

解答
ANSWER

往年の名選手にまつわる問題が2問。
何年経っても彼らの活躍は色あせま
せん

A1 ギリシャ

解説

オリンピックの発祥の地はギリシャで
あることから、必ずギリシャが先頭
で入場する。その後は開催国の言
語に基づいて決められた順番で入
場し、最後に開催国が登場するの
が慣例となっている。

A2 5人

解説

その役割はピヴォ、アラ、フィクソ、
ゴレイロに分けられ、サッカーでいう
フォワード、ミッドフィルダー、ディフ
ェンダー、ゴールキーパーにあたる。

A3 ベーブ・ルース

解説

投打での活躍と豪快なキャラクター
により野球の人気を一気に高めた偉
人。ベーブというのはあだ名で、同
僚がその幼い見た目とふるまいを
「赤子（Babe）」と呼んだことによる。

A4 ペレ

解説

17歳で出場したスウェーデンW杯で
6得点を挙げブラジルの優勝に貢献
し、世界的に知られるようになった。
このとき抽選で決められた背番号10
が、以後サッカーのエースナンバー
になるほどの影響力だった。

Q1 オリンピックメダルの通算獲得数28個、うち金メダルは23個と歴代1位の記録を誇る、「水の怪物」と呼ばれるアメリカの競泳選手は誰?

東大生
正解率
50%

Q2 アイスホッケーで打ち合う、ゴムでできた円盤のようなものを何という?

東大生
正解率
40%

Q3 フェンシングの3種目であるエペ、フルーレ、サーブルのうち、「斬り」が有効となるのはどれ?

東大生
正解率
40%

Q4 野球で「ホットコーナー」と呼ばれるポジションはどこ?

東大生
正解率
35%

解答
ANSWER

須貝は中学のとき三塁手でした！
一塁手がホットコーナーと呼ばれて
ないのは謎。最近は左の強打者も多
いですよね

A1	マイケル・フェルプス	解説	オリンピックは2004年のアテネから2016年のリオデジャネイロまで4大会に出場。世界選手権では通算33個のメダルのうち26個が金メダルである。個人種目とリレー含め39回も世界記録を更新しており、すべての数値が規格外である。
A2	パック	解説	アイスホッケーでは直径7.5cmほどのパックを打ち合う。ゴム製ではあるもののタイヤなどとは比べ物にならないぐらい硬く、競技中に防具をしていない部分に当たったことによる死亡事故なども発生している。
A3	サーブル	解説	エペ、フルーレ、サーブルの3種類はもともと異なる剣術にルーツを持つ。そのため、攻撃の有効部位や剣の重さ、ルールなども異なる競技となっている。
A4	三塁手	解説	右バッターが引っ張った強烈な打球が飛んでくることが由来。二塁手や遊撃手ほど脚力や連携が求められないので、強打者が置かれる傾向がある。

Q1 ソフトテニスが考案されたのはどこの国?

東大生
正解率
35%

Q2 テニスの四大大会のうち、
唯一クレーコートで
行われるのはどれ?

東大生
正解率
35%

Q3 ボウリングで「キングピン」とは
何番ピンのこと?

東大生
正解率
35%

Q4 お正月の風物詩である箱根駅伝で、
往路のゴールがあるのは
何という湖のそば?

東大生
正解率
30%

解答
ANSWER

全仏オープンはチャレンジシステムが使われていない四大大会としても有名です。土に残ったボールの跡がたより！

A1 日本

解説

ソフトテニスの歴史はアジアを中心に発展し、アジア競技大会では正式種目にも選ばれている。伝統的にダブルスの権威が高いことが特徴的。

A2 全仏オープン

解説

テニスの四大大会は全豪、全仏、全英（ウィンブルドン）、全米。このうち全英は芝（グラス）、全仏が土（クレー）、残り2つが合成樹脂などを使うハードコートで行われる。

A3 5番ピン

解説

5番ピンは、10本のピンの真ん中に位置しているピン。中央に位置していることから「王」を意味する名前がつけられており、転じて「重要人物」をさす英語の俗語にもなっている。

A4 芦ノ湖
（あし の こ）

解説

箱根駅伝の本戦は、毎年1月2日に読売新聞東京本社前をスタートし、箱根の山を越えた先にある芦ノ湖との間を往復する。日本で初めてブラックバスが放流されるなど釣りでも有名。

Q1 スイスのニヨンに本部を置く
「欧州サッカー連盟」を
アルファベット4文字で何という?

東大生
正解率
30%

Q2 水球のゴールキーパーが
かぶる帽子は何色?

東大生
正解率
25%

Q3 大相撲の三役。大関、関脇と何?

東大生
正解率
25%

Q4 「エールディヴィジ」といえば、
どこの国のサッカーリーグ?

東大生
正解率
25%

解答
ANSWER

いよいよ正解率も3割以下になりました。これを知ってたらすごい！

A1 UEFA
ウエファ

解説

欧州で行われるプロのサッカーやフットサルを統括する。欧州のクラブチームナンバーワンを決める「UEFAチャンピオンズリーグ」や国別欧州選手権「EURO」シリーズの主催などが主な仕事。

A2 赤

解説

ゴールキーパー以外の選手はチームごとに白か青の帽子をかぶることになっているが、青のチームはチームカラーの帽子へと変更することもできる。

A3 小結
こ むすび

解説

横綱を1番として、高い位から順に大関、関脇、小結となる。横綱と大関は厳格な昇進規定があるが、関脇以下については前場所の成績が最も重要となる。

A4 オランダ

解説

その名はオランダ語で「名誉ある階級」という意味で、アヤックスやPSVなどの強豪チームがしのぎを削る。本田圭佑や小野伸二らがここで海外キャリアをスタートさせた。

Q1 初めて聖火リレーが行われたのは
どこで開催されたオリンピック?

東大生
正解率
20%

Q2 イタリア語で「ボール」を意味する
単語に由来する、ジャックボールと
呼ばれる的球にボールを
どれだけ近づけられるかを競う
障害者スポーツは何?

東大生
正解率
20%

Q3 足に噴射装置を取りつけ、
水圧で空中を飛ぶ
マリンスポーツは何?

東大生
正解率
15%

Q4 インドの国技カバディにおいて、
攻撃側はレイダー。では守備側は何?

東大生
正解率
10%

解答
ANSWER

日本ではあまり聞いたことのないスポーツからの出題。海外では有名だったり、新しいスポーツだったり！

A1 ベルリン

解説

ドイツの指導者であったアドルフ・ヒトラーとナチスが、宣伝効果を高めるべく考案したのが聖火リレー。ルート調査結果をドイツ軍が利用したといわれる。

A2 ボッチャ

解説

もともと運動機能に障害がある人に向けて考えられたスポーツであり、ルールがカーリングに近いことから「地上のカーリング」と呼ばれる。日本代表の「火ノ玉JAPAN」はリオパラリンピックの混合団体で銀メダルを獲得している。

A3 フライボード

解説

水上バイクと足につけた器具をホースで結び、バイクの排水を足の下方向に噴出させることで舞い上がることができる。GoogleのCMで紹介されたことから日本での知名度も上がった。

A4 アンティ

解説

カバディとは、2チームがそれぞれ7名を出し、鬼ごっこのような形で行うスポーツ。攻撃側はなるべく多くの相手にタッチして得点を稼ぐ。また、攻撃側は「カバディ」を連呼しなければならず、これを「キャント」という。

Q1 フィギュアスケートのジャンプの
一つ「アクセルジャンプ」に名を残す
アクセル・パウルゼンはどこの国の人?

東大生
正解率
10%

Q2 陸上の十種競技の原則的な日程で、
最初に行われるのは100m走。
では最後に行われる種目は何?

東大生
正解率
10%

Q3 モータースポーツで、最前列の
スタート位置を何という?

東大生
正解率
5%

解答
ANSWER

A1 ノルウェー

解説

フィギュアスケートのジャンプは難易度順に6種類に分類されており、アクセルはその中でも最も難しいものである。その他のジャンプでは、スウェーデンのウルリッヒ・サルコウ、オーストリアのアロイス・ルッツの名前が使われている。

A2 1500m 走

解説

1日目は100m走、走り幅跳び、砲丸投げ、走り高跳び、400m走の順。2日目は110mハードル、円盤投げ、棒高跳び、やり投げ、1500m走の順で行われる。タレントの武井壮は十種競技の選手であり、元日本チャンピオンの肩書を持っている。

A3 ポールポジション

解説

略して「PP」と表記されることも多い。非常に有利な位置からレースを進められるため、各種モータースポーツでは獲得することに大きな意味がある。

Q1 長い腕と黒いユニフォームの風貌から
「黒蜘蛛」と呼ばれた、
ロシア人サッカー選手は誰?

東大生
正解率
5%

Q2 1941年、日本競馬初の
クラシック三冠を達成した
馬の名前は何?

東大生
正解率
0%

Q3 世界記録を計35回も更新し、
「鳥人」と呼ばれた、
ウクライナの棒高跳び選手は誰?

東大生
正解率
0%

解答
ANSWER

ブブカ選手は今も語り継がれる名選手！ オリンピックの中継や解説でも耳にするかも！

A1 レフ・ヤシン

解説

欧州最優秀選手に贈られる賞「バロンドール」をゴールキーパーとして受賞した唯一の選手。2006年までは、FIFAワールドカップにおける最優秀ゴールキーパー賞に、彼をたたえて「ヤシン賞」という名前がついていた。

A2 セントライト

解説

父はイギリスのクラシック優勝馬・ダイオライト。小西喜蔵騎手が騎乗し、その年の皐月賞、日本ダービー、菊花賞をすべて制覇した。

A3 セルゲイ・ブブカ

解説

世界陸上では第1回から6連覇を達成し、また自身が1993年にマークした世界記録は20年以上破られなかった。一方オリンピックとは相性が悪く、4度の出場でメダルは金1つ。

Q1 1938年にテニス史上初の
「年間グランドスラム」を達成した
アメリカのテニス選手は誰?

東大生
正解率
0%

Q2 ラグビーで、トライまたは
ペナルティートライのあとに得られる
ゴールキックのことを何という?

東大生
正解率
0%

Q3 日本人初の世界ゴルフ殿堂入りを
果たした、日本女子歴代最多を誇る
優勝回数のプロゴルファーは誰?

東大生
正解率
0%

最近のラグビーフィーバーのおかげで、2問目は答えられた人もいるかも？ 東大生超えだ！

A1 ドン・バッジ

解説 年間グランドスラムとは1年で全豪オープン、全仏オープン、ウィンブルドン、全米オープンをすべて制すること。ちなみに、生涯を通じて2度年間グランドスラムを達成したのはオーストラリアのロッド・レーバーだけ（1962年、69年に達成）。

A2 コンバージョンキック

解説 ラグビー（ラグビーユニオン）における通常のトライでは5点が加算されるが、さらにコンバージョンキックを蹴る権利を得る。トライした位置からの縦の延長上に蹴る地点を定めることができるため、トライの際にはなるべくフィールド中央を狙うことになる。

A3 樋口久子
ひ ぐ ち ひ さ こ

解説 1977年の全米女子プロゴルフ選手権ではアジア人初の優勝を飾るなど世界的に活躍し、日本人初の世界ゴルフ殿堂入りを果たした。英語では「久子」という名前が呼びにくいことから"Chako"の名で呼ばれている。

目指せクイズ王！

スポーツ 全37問

RANK S

正解数 28〜37

歴史やルール、
名選手までバッチリの君は、
紛れもないスポーツ王！

RANK A

正解数 18〜27

スポーツを楽しむ素養は十分！
知らない競技は
これから手を伸ばしていこう

RANK B

正解数 9〜17

まだまだいける！
身近なスポーツから頭に入れていこう

RANK C

正解数 0〜8

ここがスタートライン！
まずは好きな競技や選手を見つけよう

QuizKnock

STAGE 2

カルチャー

カルチャー（culture）という言葉は、元々「耕すこと」を意味していたそうです。クイズで脳を耕して、知識の種を植えましょう。すぐには成果を実感できないかもしれません。けれども、「蒔かぬ種は生えぬ」。どうか実り多きことを。

出題者

河村拓哉
Takuya Kawamura

Q1 サハラ砂漠に吹く「熱風」を意味する イタリア語の言葉に由来する、 宮崎駿などが所属する アニメ制作会社の名前は何?

東大生
正解率
95%

Q2 映画『カサブランカ』の名ゼリフと いえば「君の何に乾杯」?

東大生
正解率
90%

Q3 人間だけでなく神々をも統べる 存在である、ギリシャ神話の最高神は誰?

東大生
正解率
90%

Q4 日本各地から眺めた富士山の姿を 描いた「富嶽三十六景」の作者は誰?

東大生
正解率
80%

解 答
ANSWER

皆が持っている知識を漏らさないことは、そのまま会話のスムーズさに繋がります。教養人こそさりげなく

A1	スタジオジブリ	解説	スタジオジブリとしての初長編映画は『天空の城ラピュタ』であり、『風の谷のナウシカ』は、前身であるトップクラフトというアニメーション制作会社の作品。

A2	瞳	解説	「君の瞳に乾杯」という表現は日本語訳した際のものであり、元は"Here's looking at you, kid."というセリフ。

A3	ゼウス	解説	ゼウスは全知全能を誇る最高神でありながら、結婚と離婚、そして浮気を繰り返す人間的なエピソードに事欠かない存在である。古代オリンピックはもともとゼウスをはじめとした神々をたたえるための祭りであった。

A4	かつしかほくさい 葛飾北斎	解説	「凱風快晴」「神奈川沖浪裏」など、さまざまなカットで富士山を描いたのが北斎の『富嶽三十六景』。36といいつつ、実は枚数は全部で46。あまりの人気に後から10枚が追加されたのである。

Q1 代表作に「くるみ割り人形」「白鳥の湖」などがある作曲家は誰?

東大生
正解率
70%

Q2 ドボルザークの交響曲「新世界より」の「新世界」とはどこの国のこと?

東大生
正解率
70%

Q3 漫画『サザエさん』で、サザエさんの名字は何?

東大生
正解率
65%

Q4 「光の画家」と呼ばれ、「夜警」などの作品を描いたオランダの画家は誰?

東大生
正解率
65%

解答
ANSWER

苦手ジャンルの問題はそろそろキツイかも？　少しずつ歩きましょう。ゆっくりで大丈夫、問題は逃げません

A1	チャイコフスキー	解説	ロシアの作曲家チャイコフスキーは、交響曲やピアノ曲においても顕著な業績を残したが、特にバレエ音楽でその名を残している。問題文の2作品に「眠れる森の美女」を足してチャイコフスキーの三大バレエ音楽と呼ぶ。
A2	アメリカ	解説	ドボルザークはアメリカで活動したチェコ生まれの音楽家であり、「新世界」は彼がこの曲を作った地・アメリカをさす。
A3	フグ田	解説	サザエはもともと磯野家の生まれだが、マスオさんと結婚して名字がフグ田に変わっている。フネの旧姓は石田、イクラちゃんの名字は波野。
A4	レンブラント・ファン・レイン	解説	生前より肖像画家として成功を収め、工房も繁盛するなど高い評価を得てきた。「光の画家」という呼び名は独特の明暗法を用いたことに由来している。

Q1 漫画家が使う用語で、
ある範囲を真っ黒に
塗りつぶすことを何という?

東大生
正解率
65%

Q2 もともとは「地獄の門」という作品の一部
だった、彫刻家・ロダンの代表作は何?

東大生
正解率
65%

Q3 「印象派」の名の由来になった
「印象・日の出」を描いた画家は誰?

東大生
正解率
60%

Q4 20世紀を代表する画家・ピカソは
どこの国の出身?

東大生
正解率
50%

解 答
ANSWER

ベタという言葉、クイズマニアは「よく聞く問題」の意味で使います。色々な界隈で色々な意味を持つ言葉

A1 ベタ

解説 もともとは黒塗りにすることを指したが、現在ではグラデーションを使わない単色塗りにすることもさす。アシスタントの仕事になることも多い。

A2 考える人

解説 オーギュスト・ロダンは「近代彫刻の父」と称されるフランスの彫刻家で、「考える人」以外にも「カレーの市民」などの名作を残した。

A3 モネ

解説 印象派の画家たちは当初高い評価を受けることができずに苦労を重ねていた。1880年代にモネはジヴェルニーという街に移り、「積みわら」や「睡蓮」をモチーフとする作品を多く残した。

A4 スペイン

解説 ピカソは1881年にスペインのマラガで生まれた。青年期以降はフランスで活動し、「泣く女」「アヴィニョンの娘たち」などキュビズムの名作を残した。代表作の一つ「ゲルニカ」は、母国スペインの内戦の惨状を描いたものである。

Q1 花札の10月の札に
描かれている動物は何?

東大生
正解率
50%

Q2 世界的バンド、ビートルズの4人が
ともにここで生まれた、
イングランドにある都市はどこ?

東大生
正解率
40%

Q3 祈禱の受付やお守りの授与を行う、
神社に付属する施設は何?

東大生
正解率
35%

Q4 音楽記号の「D.S.」は何の略?

東大生
正解率
35%

解答
ANSWER

ほどほど難度のクイズは会話の絶好のスパイス。本書をバッグに忍ばせて、ぜひこのページで盛り上がって

A1 シカ

解説

花札には月ごとに植物や生き物が描かれており、10月のモチーフは「紅葉にシカ」である。この10月の10点札に描かれているシカの絵がそっぽを向いていることが、「しかと」という言葉の由来となった。

A2 リバプール

解説

ビートルズはさまざまにメンバーをかえながら下積み時代を送り、リバプールにあったキャヴァーン・クラブに定期的に出演していた。このクラブをはじめとしたゆかりの地はリバプールの観光名所として現在でも大人気。

A3 社務所

解説

神社に行ったとき、巫女さんがお守りやおみくじを売っている場所を社務所という。ちなみに、お守りを買いたいときは「買う」ではなく「お受けする」ということばを使うのがマナー。

A4 ダル・セーニョ

解説

ダル・セーニョが書かれた位置に到達したら、セーニョという記号の位置に飛ぶことを指示している。「D.C.」はダ・カーポの略で、曲の冒頭に戻ることを指示している。

Q1 ベートーベンやバッハといえば
どこの国の作曲家？

東大生
正解率
25%

Q2 お酒の名前にもなっている
「バラライカ」はもともと、
どこの国の民族楽器？

東大生
正解率
25%

Q3 その正体は「ブルース・ウェイン」という
大富豪である、アメリカン・コミックに
登場する架空のヒーローは誰？

東大生
正解率
25%

Q4 クリスチャン・ルブタンといえば、
どんな色の靴底をトレードマークに
していることで有名なブランド？

東大生
正解率
20%

解答
ANSWER

知っていたらすごいゾーン。国籍や色味など、固有名詞以外も解答たりうるというクイズ的気づきも美味しい

A1 ドイツ

解説

この二人にブラームスを加えて「ドイツ音楽の3B」と呼ぶ。19世紀に活躍したドイツ人指揮者ハンス・フォン・ビューローがまとめて称したのが始まり。

A2 ロシア

解説

バラライカは3本の弦と三角錐の形をした特徴的な共鳴胴を持つ楽器。カクテルのバラライカはロシアのイメージそのままにウオッカがベース。

A3 バットマン

解説

バットマンが初めてコミックに登場したのは1939年。以来スピンオフも含め様々な作品に登場し、実写映画では歴代の名優によって演じられてきた。

A4 赤

解説

フランスの同名デザイナーによるブランドで、真っ赤な靴底と、それが見える高いヒールの女性靴が人気を集めている。近年では化粧品部門を創設しており、ブランド自体がセレブのアイコンとなっている。

Q1 世界無形文化遺産に登録されている
影絵芝居「ワヤン・クリ」は、
どこの国の伝統芸能？

東大生
正解率
15%

Q2 「ヤッショ、マカショ」のかけ声で町を
練り歩く、青森ねぶた祭、秋田竿燈まつり、
仙台七夕まつりとともに
東北四大祭りに数えられる祭りは何？

東大生
正解率
10%

Q3 オペラの主役。
女性なら「プリマドンナ」、
男性なら？

東大生
正解率
5%

Q4 オペラ「トゥーランドット」や「蝶々夫人」
を作曲したイタリアの作曲家は誰？

東大生
正解率
5%

解答
ANSWER

高難易度のクイズは鑑賞用でもいいのです。ここで得た知識は実物の案内たりえます。気になったらぜひ検索!

A1 インドネシア

解説

バリ島やジャワ島で演じられ、牛の皮で作った人形を後ろから照らすことで白い幕に投影する。インドの古代叙事詩『マハーバーラタ』『ラーマーヤナ』が主な演目。

A2 山形花笠まつり

解説

山形市で毎年8月5日から3日間にわたって開催される。山形県の花「ベニバナ」をあしらった笠を持った人々が踊り歩く同県最大級のイベント。

A3 プリモウォーモ

解説

イタリア語で「第一の男」を意味する言葉。「プリマ」「プリモ」ともに英語の"prime"に近く、「主要な」という意味がある。

A4 プッチーニ

解説

多くのオペラファンに愛され、イタリアを代表する作曲家とされている。『蝶々夫人』は日本の長崎が舞台で日本古謡の旋律が引用されている。

Q1 人気ドラマ「101回目のプロポーズ」「高校教師」「ひとつ屋根の下」の脚本家は誰?

東大生
正解率
5%

Q2 江戸落語では「酢豆腐」と呼ばれる、知ったかぶりをする男に腐った豆腐を珍味だと言って食べさせるという内容の、上方落語の演目は何?

東大生
正解率
5%

Q3 自分の実力を存分に人々に見せる晴れの場所のことを、一流の能舞台にたとえて何という?

東大生
正解率
5%

Q4 現在の東京都庁などを設計し、日本人初のプリツカー賞を受賞した建築家は誰?

東大生
正解率
0%

解答
ANSWER

どれか知っていたらすごい難易度。
けれども逆に、知らないことを学んだ
人のほうが、真に得だと思うのです

A1 野島伸司
（の じま しん じ）

解説

1988年の「君が嘘をついた」以降、社会派でタブーを恐れない脚本で数多の大ヒットドラマを作ってきたシナリオライター。SMAPの名曲「らいおんハート」では作詞を手がけている。

A2 「ちりとてちん」

解説

もともとは江戸で生まれた「酢豆腐」が上方で「ちりとてちん」という噺（はなし）になったもの。「酢豆腐」は「黒門町の師匠」と呼ばれた名人・八代目桂文楽の十八番。

A3 檜舞台
（ひのき）

解説

一般的な舞台には杉が使われていたのに対し、一流の舞台には檜が使われていたことから。現在の劇場では檜はあまり使われていない。

A4 丹下健三
（たん げ けん ぞう）

解説

プリツカー賞は「建築界のノーベル賞」とも呼ばれる名誉ある賞で、丹下は1987年に受賞。その他の代表作には代々木第一体育館、広島平和記念資料館などがある。

Q1 遺作となった「レクイエム」には
626番があてられている、作曲家・
モーツァルトの作品を識別するために
つけられた番号を何という?

東大生
正解率
0%

Q2 カンヌ映画祭でパルム・ドールを受賞した
『タクシードライバー』、アカデミー作品賞を
受賞した『ディパーテッド』の監督は誰?

東大生
正解率
0%

Q3 「小人」から「キエフの大門」までの10曲
からなる、ロシアの作曲家ムソルグスキー
が手がけたピアノ組曲は何?

東大生
正解率
0%

Q4 アンリ・ルソーの絵画「眠るジプシー女」で、
女性とともに描かれている動物は何?

東大生
正解率
0%

解答
ANSWER

名前を知らなくとも（どれかは）聞いたことがありそう！　知識に名前をラベリングしていくのが知的整理術

A1 ケッヘル番号

解説　19世紀にモーツァルトの作品を整理し番号をつけたルートヴィヒ・フォン・ケッヘルに由来する。この数字を25で割り10を足すと、作曲時にだいたい何歳くらいであったかの目安になる。

A2 マーティン・スコセッシ

解説　ロバート・デ・ニーロをよく起用することでも知られ、『タクシードライバー』『レイジング・ブル』『グッドフェローズ』などでタッグを組んでいる。

A3 「展覧会の絵」

解説　友人であった画家のヴィクトル・ハルトマンの遺作展覧会がモチーフになっている。ムソルグスキーは管弦楽曲「はげ山の一夜」でも有名。

A4 ライオン

解説　アンリ・ルソーは19世紀末からフランスで活躍した画家。「眠るジプシー女」は月明かりの砂漠に横たわる黒人女性と、その傍らのライオンを描いた名作。

Q1 「コーちゃん」の愛称で呼ばれ、宝塚歌劇団を退団後は「サン・トワ・マミー」「愛の讃歌」などをヒットさせたシャンソン歌手は誰？

東大生
正解率
0%

Q2 茶道で茶道具などをふくときに用いられる絹の布を何という？

東大生
正解率
0%

Q3 5万坪にも及ぶ美しい日本庭園や、横山大観のコレクションで有名な、島根県安来市の美術館は何？

東大生
正解率
0%

解答
ANSWER

この難易度帯の知識を持っている人は確かにいて、そういう人に見捨てられないことの意味はとても大きい

A1 越路吹雪
（こしじふぶき）

解説 本名は「内藤美保子」。愛称の「コーちゃん」は旧姓の「河野」に由来する。劇団四季とタッグを組みながら様々な歌唱に挑戦してきた。

A2 帛紗
（ふくさ）

解説 結婚式でご祝儀などを包む「袱紗（ふくさ）」とは若干形式が異なる。基本的には紫色のものを使うが、表千家、裏千家など流派により違いがある。

A3 足立美術館

解説 島根出身の実業家・足立全康が1970年に創設。大観以外にも日本画の大家による作品を多数収蔵し、日本庭園は国際的な評価が高い。

目指せクイズ王！

カルチャー 全35問

RANK S

正解数 27 〜 35

まさしく文化人。
おすすめ作品をご教示ください

RANK A

正解数 18 〜 26

もう一息、ファイト！
知識が感性に役立つと
実感していただけたはず

RANK B

正解数 9 〜 17

なかなかの知識量。
あまり見ないタイプの作品、
今日見ちゃおう！

RANK C

正解数 0 〜 8

感性の青年期。
気になった作品から
気の赴くまま手を出そう！

QuizKnock

STAGE 3

理系

地球の、そして宇宙の、あらゆることを分析しようとするのが理系の分野だ！ 理系の知識が多ければ多いほど世の中の現象を深く理解することができます。あなたの知識はどれくらい？

出題者

ふくらP
Fukura-P

Q1 地表付近の大気中に最も多く
含まれている気体は何？

東大生
正解率
100%

Q2 イチョウやマツなど、種子植物の
中でも胚珠がむき出しに
なっているものを何という？

東大生
正解率
100%

Q3 かけ算九九の中で、
答えが奇数になる式は
全部でいくつ？

東大生
正解率
100%

Q4 BTB溶液が黄色を呈したとき、
その物質は酸性？ アルカリ性？

東大生
正解率
100%

解答
ANSWER

リトマス試験紙は酸性で赤色、アルカリ性で青色になる。BTB溶液と似てるから一緒に覚えよう！

A1 窒素

解説 地表付近の空気の約78％は窒素によって占められている。続いて酸素が約21％、アルゴンが約1％。宇宙空間を漂う星間ガスは水素約70％、ヘリウム約30％で構成されているが、宇宙全体の平均では1cm³あたり水素原子数個という低密度であり、ほとんどの空間が真空である。

A2 裸子植物

解説 胚珠は成長すると種子になる器官。これが子房で覆われているものは、裸子植物に対して「被子植物」と呼ばれる。

A3 25個

解説 かけ算の答えが奇数になるのは、奇数同士をかけ合わせたときだけである。つまり、1、3、5、7、9の5種の組み合わせとなるので、5×5＝25通りとなる。

A4 酸性

解説 BTB溶液は酸性なら黄色（非常に強い酸性なら赤色）、アルカリ性なら青色（非常に強いアルカリ性なら紫色）、中性なら緑色になる。

Q1 2006年に山中伸弥率いる京都大学の研究グループによって作成された「人工多能性幹細胞」のことを英語名の頭文字をとって何という?

東大生
正解率
100%

Q2 固体が液体にならず、直接気体へと変化することを漢字2文字の言葉で何という?

東大生
正解率
95%

Q3 よく「冬型の気圧配置」をあらわす際に使われる、方角を示す漢字を使った四字熟語は何?

東大生
正解率
95%

Q4 銀の元素記号はAg。では金の元素記号は何?

東大生
正解率
90%

解答
ANSWER

実は昇華には気圧が大きく関係する。気圧をすごく下げると、氷は水にならずに直接水蒸気になるんだ!

A1 iPS細胞
アイピーエス

解説

最初のiが小文字なのは、命名者の山中伸弥の、当時流行していた音楽プレーヤー「iPod」のように普及してほしいという願いが込められている。

A2 昇華

解説

冷却に使われるドライアイスや、防虫剤に使われるナフタレンなどで見られる現象。ちなみに、心理学における「昇華」は「ある分野で満たされない欲求を他の高度な分野での目標達成によって解消すること」という意味で用いられる。

A3 西高東低
せいこうとうてい

解説

日本列島の西側に高気圧、東側に低気圧が位置した状態になることをいう。乾燥した大陸のある西側から冷たい風が東へと吹くことになり、寒く乾いた冬となる。

A4 Au

解説

金は"aurum"、銀は"argentum"と、その元素記号はラテン語での表記に由来している。ちなみに、南米の国アルゼンチンの名前も同じくラテン語の「銀」に由来している。

Q1 6の階乗はいくつ?

東大生
正解率
90%

Q2 「電流は電圧に比例し、
抵抗に反比例する」
という法則を何という?

東大生
正解率
85%

Q3 生物の授業で登場する「DNA」。
日本語で略さずにいうと何?

東大生
正解率
85%

Q4 呼吸や蒸散が行われる、葉の表皮に
存在する小さな穴のことを何という?

東大生
正解率
85%

解答
ANSWER

6の階乗は「6!」という風に、階乗は「!」を使って表すんだ!

A1 720

解説

階乗とは、その数字から1までの自然数を順番にかけ算していくこと。ここでは6×5×4×3×2×1＝720となる。

A2 オームの法則

解説

1826年にこれを発見したドイツの科学者オームにちなむが、実はそれ以前に、水素の発見者としても有名なキャベンディッシュがこの法則を見つけていた。その事実は19世紀後半にようやく知られることに。

A3 デオキシリボ核酸

解説

DNAは細長い鎖状の物質で、人間の場合、細胞の核の中でコンパクトに折りたたまれている。アデニンとチミン、グアニンとシトシンという塩基のペアの配列により、膨大な量の遺伝情報を表現している。

A4 気孔

解説

気孔は孔辺細胞と呼ばれる細胞が唇のような形に2つ向き合うことによって作られる。孔辺細胞が形を変えることで気孔の大きさが調節される。

Q1 ナメクジに塩をかけると縮む原因で
ある、濃度の異なる二つの溶液が
触れ合ったときに生じる、濃度を
均一にしようとする圧力を何という?

東大生
正解率
85%

Q2 正多面体のうち、唯一面の数と
頂点の数が同じものはどれ?

東大生
正解率
80%

Q3 ヘリウム、ネオン、アルゴンなど、
元素周期表で第18族に分類される
元素を総称して何という?

東大生
正解率
80%

Q4 量子力学における確率の重なり合いに
ついての有名な思考実験。「誰の猫」?

東大生
正解率
75%

解答
ANSWER

浸透圧の法則を発見したのはオランダの科学者ファントホッフ。第1回ノーベル賞で化学賞を受賞したよ

A1 浸透圧

解説 ナメクジの場合、湿った塩を高濃度食塩水に見立て、塩分濃度の低いナメクジの体から食塩側に水を流れ込ませる圧力がこれにあたる。これによりナメクジは干からびて縮んだようになってしまう。

A2 正四面体

解説 頂点の数は、正四面体が4個、正六面体が8個、正八面体が6個、正十二面体が20個、正二十面体が12個。

A3 希ガス（または、貴ガス）

解説 第18族元素はその性質上他の物質と結びつきづらく、単体で存在することが多かった。そのため抽出しづらく「稀であった」ことが「希ガス」という呼び名の由来である。しかし、実際にはそれほど稀な存在ではないことから、近年では「貴ガス」という表記も使われている。

A4 シュレディンガー

解説 箱の中の猫が一定の確率で致死量の放射能を浴びてしまうという思考実験。箱を開けて観察しない限り、猫の生と死は重なり合っている。量子力学によって直感に反する奇妙な状態が考えられることを指摘したものである。

Q1 月食の際、月を黒く染める影。
この影はどんな天体のもの？

東大生
正解率
70%

Q2 「流体中の物体は、その物体が押しのけた
流体の重さと同じ大きさの浮力を受ける」
という原理を、古代ギリシャの
人物の名から何という？

東大生
正解率
70%

Q3 もともとは「ガンジス川にある無数の砂」を
指した、10の52乗を表す数の単位は何？

東大生
正解率
70%

Q4 ケッペンの気候区分で「Cs」と
表記される、夏は高温で乾燥し、
冬に降水が増える気候を何という？

東大生
正解率
70%

解答
ANSWER

月食は"月が暗くて見づらい"だけなんだね。一方、日食は太陽の手前を月が通り実際に遮られる現象だ

A1 地球

解説 地球が太陽と月の間に入り、太陽光を遮るため。起こる頻度は日食より低いものの、地球上の広い範囲から観測できるため日食以上に観測しやすい。

A2 アルキメデスの原理

解説 アルキメデスがヒエロン2世の命令によって、王冠が純金かどうかを調べていた際に発見したと伝えられている。

A3 恒河沙
ごう が しゃ

解説 江戸時代に吉田光由（よしだみつよし）が著書『塵劫記（じんこうき）』で紹介。10の56乗は「阿僧祇（あそうぎ）」。

A4 地中海性気候

解説 ローマやバルセロナなど。「Cw」と表記される温暖冬季少雨気候では、反対に冬に乾季が訪れる。

Q1 ニュージーランドに生息する鳥にその名が由来する、マタタビ科の果物は何?

東大生
正解率
60%

Q2 多くの無脊椎動物が誕生し、生物種が爆発的に増加した、古生代最初の地質年代を何と呼ぶ?

東大生
正解率
60%

Q3 正式なタイトルを『自然哲学の数学的諸原理』という、万有引力の法則などを説明したニュートンの著書は何?

東大生
正解率
45%

Q4 スウェーデン語で「重い石」という意味の名を持つ、原子番号74、元素記号Wの元素は何?

東大生
正解率
45%

解 答
ANSWER

> キウイはマタタビの仲間なので根や葉に猫が好む成分があり、「猫害」に悩むキウイ農家もいるんだとか

A1 キウイフルーツ	解説	見た目が「キーウィ」という鳥に似ていることから命名。生産量第1位の国は中国で、日本の都道府県では愛媛県が第1位となっている。
A2 カンブリア紀	解説	約5億4200万年前から約4億8800万年前をさす。それぞれの大陸で独立に進化していた生物が、大陸の融合によって交雑しあい、「冠進化」と呼ばれる大規模な進化が起こった。
A3 『プリンキピア』	解説	慣性の法則、運動方程式、作用反作用の法則という「力学の3法則」や、惑星の運動に関する記載もある。
A4 タングステン	解説	元素記号Wの由来はかつての名称「ウォルフラム」から。融点が金属元素の中で最も高く、世界の産出量の8割以上を中国が占めている。

Q1 現在市販されている
筒形アルカリ乾電池の
電圧は、すべて何ボルト？

東大生
正解率
35%

Q2 アメリカで考案された、気温と湿度を基に
蒸し暑さを示した指標を何という？

東大生
正解率
30%

Q3 ペンギンの種類や海峡にも名を残す、
「近代地理学の祖」とされる
ドイツの地理学者は誰？

東大生
正解率
30%

Q4 太陽系の惑星のうち、
最も密度が小さいのは何？

東大生
正解率
25%

解 答
ANSWER

土星の密度は水の約0.7倍しかない。つまり、もしお風呂に土星を入れられたら水に浮くんだね

A1 1.5ボルト

解説 電圧とは簡単にいえば電気を送り出す力であり、現在日本で市販されている単1から単5までの筒形乾電池は、すべて1.5ボルトである。

A2 不快指数

解説 もともとは冷房の電力消費の予想に役立てるためにアメリカで考案された。80以上で、ほとんどの人が不快に感じる暑さとされている。

A3 アレクサンダー・フンボルト

解説 近代地理学の金字塔と呼ばれる大著『コスモス』が有名。フンボルト海流は南米大陸の西岸を北上する海流。

A4 土星

解説 土星は中心部以外は水素やヘリウムからできているガス惑星である。体積が地球の約755倍と巨大であるにもかかわらず質量は約95倍にとどまり、太陽系でいちばん密度が小さい。

Q1 物質によって散乱されたX線の波長が入射したX線の波長より長くなる現象を、アメリカの物理学者の名から何という？

東大生
正解率
25%

Q2 2014年、日本人として初めて国際宇宙ステーションの船長に就任した宇宙飛行士は誰？

東大生
正解率
20%

Q3 凧（たこ）を用いた実験で雷の正体が電気であることを証明した、アメリカの物理学者は誰？

東大生
正解率
20%

Q4 金属元素で、金の原子番号は79。では、白金の原子番号はいくつ？

東大生
正解率
20%

解答
ANSWER

フランクリンは、アメリカがイギリスから独立するとき、独立宣言の作成に携わったすごい人なんだ

A1 コンプトン効果

解説 光をエネルギーをもった粒子とする、アインシュタインの「光量子仮説」の直接的な証拠となった。

A2 若田光一
（わかたこういち）

解説 1996年にスペースシャトル「エンデバー号」に搭乗して初めて宇宙に赴くと、以後計4回の宇宙飛行を経験している。

A3 ベンジャミン・フランクリン

解説 避雷針の発明者としても知られる。政治家としても活躍し、アメリカの100ドル紙幣の肖像にもなっている。

A4 78

解説 白金は「プラチナ」とも呼ばれる。プラチナはアクセサリーだけでなく、自動車の排ガス浄化の触媒にも使用される。

STAGE 3 🔺 理系

Q1 南極大陸に生息する2種類のペンギンとは、コウテイペンギンと何ペンギン？

東大生
正解率
15%

Q2 山頂で太陽に背を向けたとき、前面の霧に自分の影が映りその周りに光の輪があらわれる現象を何という？

東大生
正解率
15%

Q3 「二尖弁」とも呼ばれる、心臓の左心房と左心室の間にある弁を何という？

東大生
正解率
5%

Q4 1958年と1980年の2度にわたってノーベル化学賞を受賞している、イギリスの生化学者は誰？

東大生
正解率
5%

解答
ANSWER

有名なキュリー夫人も／ーベル賞を2回受賞している。なんと1度目が物理学賞、2度目が化学賞だ

A1 アデリーペンギン	解説	ペンギンは南極だけでなく、南米や南アフリカ、ニュージーランドなど広い範囲に生息する。
A2 ブロッケン現象	解説	霧の水滴によって太陽光が回折し、虹の輪が生じる。ドイツのブロッケン山でよく見られたことからこの名前がついた。別名を光輪、グローリー、ブロッケンの妖怪などという。
A3 僧帽弁 そうぼうべん	解説	右心房と右心室の間にある弁は「三尖弁」。「乳頭筋」という筋肉が僧帽弁や三尖弁とつながっており、弁を支える役割を担う。
A4 フレデリック・サンガー	解説	最初は「インスリンの構造研究」、2度目は「核酸の塩基配列の決定」によるもの。

Q1 スキューバダイビングなどで注意が
必要である、空気中のある物質が
血中に多く溶け込んでしまい、
判断力が下がる現象は何?

東大生
正解率
5%

Q2 世界最大のクレーター
「フレデフォート・ドーム」が
ある国はどこ?

東大生
正解率
0%

Q3 インドネシアに生息している、
鼻から頭に向けて湾曲して伸びる
長い牙が特徴的なイノシシの仲間は何?

東大生
正解率
0%

Q4 地球の外核と内核の間にある境界面を、
デンマークの地震学者の名から何という?

東大生
正解率
0%

解答
ANSWER

外核は液体、内核は固体であるとされていて、この境界面で地震波の様子が大きく変わるんだ

A1 窒素酔い

解説

深いところでは、窒素が血中に多く溶けるようになる。酒に酔ったような状態になって判断力が落ちるため、危険な行動を取りやすいとされている。

A2 南アフリカ共和国

解説

およそ20億年前の隕石の衝突で形成され、世界最古のクレーターとされる。中央のドームの直径は約50km。2005年には世界自然遺産に登録された。

A3 バビルサ

解説

スラウェシ島などインドネシアの一部にのみ生息するバビルサは、頭に刺さりそうな牙をもつことから、「死を見つめる動物」などとも呼ばれる。

A4 レーマン不連続面

解説

地殻とマントルの境界面はモホロビチッチ不連続面、マントルと外核の境界面はグーテンベルク不連続面という。

目指せクイズ王！

理系 全40問

RANK **S**

正解数 30 ～ 40

スゴすぎる！
ハカセと呼ばせてください！

RANK **A**

正解数 20 ～ 29

すばらしい！
「科学の目」が養われていますね！

RANK **B**

正解数 10 ～ 19

十分に高得点！
でもまだまだこれから吸収できそう

RANK **C**

正解数 0 ～ 9

これから知れることがたくさんあるね！
基本的な範囲からいこう！

QuizKnock

STAGE 4
ことば・文学

小学校や中学校で習うことばから、語源を問うような一歩踏み込んだ内容まで、一筋縄ではいかない問題を集めました。一見わからない問題でも、どこかに解き筋があるかもしれません。諦めずに考えてみてくださいね!

出題者

山本祥彰
Yoshiaki Yamamoto

Q1 我慢強く辛抱すれば必ず成功するという意味のことわざ。「石の上にも何年」？

東大生
正解率
100%

Q2 最強の武器と最強の防具の故事に由来する、物事の筋が通らないことを意味する言葉は何？

東大生
正解率
100%

Q3 夏目漱石の小説『吾輩は猫である』の冒頭で、「吾輩は猫である。」に続く一文は何？

東大生
正解率
100%

Q4 平安時代の随筆『枕草子』を書いたのは誰？

東大生
正解率
100%

解答
ANSWER

紫式部は『源氏物語』の作者。清少納言と間違えやすいですが、迷わず答えられましたか？

A1 三年

解説

たとえ冷たい石の上であっても、3年座り続ければ温めることができるということから、辛抱強く続けることの意味を説いたことわざである。

A2 矛盾（む じゅん）

解説

どんな盾でも貫く矛と、どんな矛でも防ぐ盾を同時に売っていた楚の国の商人の話に由来。つじつまが合わないことを言う際のたとえ話として使われている。

A3 名前はまだ無い。

解説

『吾輩は猫である』は実際に漱石が飼っていた猫をモデルにして書かれたといわれている作品。その猫にも名前はつけられていなかった。

A4 清少納言（せいしょう な ごん）

解説

清少納言の視点から見た宮中生活を知性的な文体で綴っており、鴨長明の『方丈記』、吉田兼好の『徒然草』とともに「日本三大随筆」の一つとされる。

Q1 「所謂」は何と読む？

東大生
正解率
100%

Q2 著名な書物『論語』は
誰の言葉をまとめたもの？

東大生
正解率
100%

Q3 「クイズをする。」を、
「する、クイズを。」とするような
表現の技法を何という？

東大生
正解率
100%

Q4 植物の「サルスベリ」や「ユリ」を漢字で
表記したときに登場する漢数字は？

東大生
正解率
100%

解答
ANSWER

「百」という漢字には本当にいろんな読み方があります。他の読み方をする言葉も調べてみましょう！

A1 いわゆる

解説

「いわゆる」は「言ふ」の未然形に助動詞「ゆ」の連体形がついたもの。ちなみに「所以」は「ゆえん」と読む。

A2 孔子

解説

『大学』『中庸』『論語』『孟子』は儒教における「四書」とされる。中国でかつて行われていた官吏登用試験「科挙」で試験範囲とされていたため、まとめて重視されるようになった。

A3 倒置法

解説

形容詞や形容動詞は語順を変えると修飾する語が変わって意味が変化してしまう可能性があるため倒置には気をつけなければならない。

A4 百

解説

「サルスベリ」は花を咲かせる期間が長いことから「百日紅」、「ユリ」は球根の「ユリ根」が何枚も重なり合った鱗片を持つことから「百合」と表記される。

Q1 ギリシャ文字で、アルファ、ベータの
次に来るのは何？

$\alpha \rightarrow \beta \rightarrow$?

東大生
正解率
95%

Q2 数の数え方で、ワン・ツー・スリーは英語。
では、アン・ドゥ・トゥロワは何語？

東大生
正解率
90%

Q3 助手のワトソンとともに難事件を解決する、
コナン・ドイルが生み出した名探偵は誰？

東大生
正解率
85%

Q4 「ようほう」といえば、何を飼うこと？

東大生
正解率
80%

解答
ANSWER

お菓子でおなじみの「GABA」は「γ-アミノ酪酸」の略って知ってましたか?

A1 ガンマ(γ)

解説

ガンマから先はデルタ、イプシロン、ゼータ、イータ、シータ……と続いていく。シータはアルファベットのCと混同しやすいが、つづりは"theta"であり、お互いの関連はない。

A2 フランス語

解説

ドイツ語ではアインス、ツヴァイ、ドライ。スペイン語ではウノ、ドス、トレス。

A3 シャーロック・ホームズ

解説

ホームズが最初に登場した作品は『緋色の研究』。バイオリンの演奏に長け、ボクシングはプロ並みだという。

A4 ハチ

解説

漢字で書くと「養蜂」。1万年前にはすでに蜂蜜の採取が行われていた。かなりの重労働のため体の強さが求められる仕事で、エベレスト初登頂を成し遂げたエドモンド・ヒラリーの本職も養蜂である。

Q1
晋の左思が書いた『三都賦』が飛ぶように売れたせいで紙の値段が上がったという故事にちなむ、本がたくさん売れることを表現したことばは何?

東大生
正解率
80%

Q2
ザネリやカムパネルラといった同級生がいる、宮沢賢治の童話『銀河鉄道の夜』の主人公である少年は誰?

東大生
正解率
80%

Q3
「食指が動く」の「食指」ってどの指のこと?

東大生
正解率
75%

Q4
後戻りすることをいう表現「きびすを返す」。この「きびす」って何?

東大生
正解率
70%

解答
ANSWER

「洛陽の紙価を高めるほどの売れ行きだ」さらっと言えたらかっこいいですよね

A1 洛陽の紙価を高める
らくよう しか

解説 左思は魏・呉・蜀の都を描いた文章「三都賦」で名声を得た。晋の都・洛陽ではこの本を皆が書き写そうとしたため紙の需要が高まったという。「洛陽の紙価を高めるほどの売れ行きじゃないか」というように用いる。

A2 ジョバンニ

解説 『銀河鉄道の夜』は宮沢賢治の死後、草稿の状態で残されていた作品であり、幾度も重ねられた修正の跡も含め数多くの研究の対象となっている。銀河鉄道に乗って旅する孤独な少年ジョバンニは賢治自身がモデルではないかともいわれている。

A3 人さし指

解説 中国の『春秋左氏伝』に登場する子公という人物が、自分の人さし指が動いたことを「おいしいものを食べられる兆候だ」と言ったことにちなむ表現。

A4 かかと

解説 「きびすを回（めぐ）らす」とも。また「きびす」は「くびす」ともいう。きびすを漢字で書くと「踵」となり、これは「かかと」と同じ。

Q1

「私はその人を常に先生と呼んでいた。」
という書き出しで始まる文学作品は何?

東大生
正解率
60%

Q2

信用していた人に裏切られて
ひどい目に遭うという意味のことわざ。
「何を飲まされる」?

東大生
正解率
50%

Q3

代表作に『武器よさらば』や『老人と海』が
あるアメリカの小説家は誰?

東大生
正解率
40%

Q4

「ランドセル」や「オルゴール」は
何語由来のことば?

東大生
正解率
40%

解答
ANSWER

「煮え湯を飲まされる」と似たことわざに「飼い犬に手を噛まれる」があります。どっちが嫌ですか？

A1	『こころ』 夏目漱石 著	解説	漱石の代表作の一つ。主人公の「私」は、鎌倉で出会った「先生」と呼ばれる人物に傾倒する。しかしある日、私のもとに先生から「遺書」として手紙が届き、かつて恋のために友人を裏切って自殺させたという、先生の隠された過去を知る。
A2	煮え湯	解説	「煮え湯」は沸騰したお湯のこと。単に悔しいことやつらいことに使うのではなく、「裏切り」のニュアンスで用いるのが正しい。
A3	アーネスト・ ヘミングウェイ	解説	「失われた世代」と呼ばれる作家群の一人にしてアメリカ文学に多大な影響を残した作家。1954年にはノーベル文学賞を受賞している。
A4	オランダ語	解説	オランダは、鎖国政策以後も日本文化に強い影響を与えた。意外なところでは「おてんば」や「コップ」の語源もオランダ語であるとする説がある。

Q1 スピンと呼ばれるしおりひもがつけられていることと、ぶどうのトレードマークで知られる日本の文庫レーベルは何?

東大生
正解率
35%

Q2 力の差がないことをあらわす「互角」とは、もともと何の角のこと?

東大生
正解率
35%

Q3 弟子の太宰治が『富嶽百景』に彼との交流を描いている、『山椒魚』などの代表作で知られる小説家は誰?

東大生
正解率
25%

Q4 芥川賞に名を残すのは芥川龍之介。では直木賞に名を残すのは誰?

東大生
正解率
25%

解答
ANSWER

井伏鱒二は1938年に直木賞を受賞しています。問題同士、関連づけて覚えちゃいましょう！

A1 新潮文庫

解説
多くの出版社がコストダウンの観点からしおりひもを廃止しており、文庫レーベルでしおりひもを残す出版社はめずらしくなっている。

A2 牛

解説
牛の2本の角は大きさや長さに差がないことから。そのため、「互角」という表記が定着する前は「牛角」と表記されていた。

A3 井伏鱒二
　　　いぶせますじ

解説
太宰は井伏に師事しており、太宰の生活が崩壊した折に井伏が山梨県にある御坂峠の茶屋で静養するよう勧め、そこでの暮らしが『富嶽百景』の題材となった。そのなかで描かれた「井伏放屁事件」が長きにわたり二人の論争の種となる。

A4 直木三十五
　　　なお き さんじゅう ご

解説
三十五というペンネームは自分の実年齢にちなんだもので、文筆を始めた31歳のときから1ずつ増やしていったが35歳でこの名前に固定した。代表作に『南国太平記』などがある。

Q1 同じようなものが
次々とあらわれることを、
「雨後の何」という?

東大生
正解率
20%

Q2 「おい地獄さ行ぐんだで!」
という書き出しで始まる文学作品は何?

東大生
正解率
20%

Q3 「私は、その男の写真を三葉、
見たことがある。」という書き出しで
始まる文学作品は何?

東大生
正解率
20%

Q4 ことわざ。江戸の敵（かたき）を
「どこ」で討つ?

東大生
正解率
20%

解答
ANSWER

『ひょっこりひょうたん島』でお馴染みの井上ひさしは、太宰治が登場する演劇『人間合格』を書いています

A1 筍
（たけのこ）

解説　雨上がりには筍が続々と生えることから。「成長が早い」という意味で誤用される例も少なくないため、注意が必要。

A2 『蟹工船』
（かにこうせん）
小林多喜二 著

解説　劣悪な労働環境を描いたプロレタリア文学の傑作といわれている。

A3 『人間失格』
太宰治 著

解説　完結直後に太宰自身が自殺してしまった晩年の傑作。

A4 長崎

解説　意外なところで、または筋違いのことで、以前の恨みの仕返しをすること。このことわざができた経緯には諸説あるが、「江戸の敵を長崎が討つ」という言い回しが変化したという説がよく知られている。

Q1 サイコロを意味する英単語 "dice" の単数形は何?

東大生
正解率
10%

Q2 自分の力をわきまえずに強者に挑む ことを、ある虫にたとえて何という?

東大生
正解率
10%

Q3 「木曽路はすべて山の中である。」という 書き出しで始まる文学作品は何?

東大生
正解率
5%

Q4 夏の強い日差しを浴びて草むらから 立ち上る、むんむんとした 熱気のことを何という?

東大生
正解率
5%

解答
ANSWER

「ダイス」が複数形だったとは驚きですね! ちなみに、楽器の「マラカス」も複数形らしい

A1	die ダイ	解説	「死ぬ」という意味の動詞"die"とスペルが同じ。ほとんどの場合は"dice"の形で使うが、カエサルの名言「賽は投げられた」を英語で言うときは"The die is cast."と単数形で使うのが慣例となっている。
A2	蟷螂の斧 とうろう おの	解説	蟷螂とはカマキリをさし、カマキリがどのような相手にも前脚を振り上げて威嚇のしぐさを取ることから、その前脚を斧に見立てていった故事。「カマキリ」ということばは「カマを持つキリギリス」に由来するといわれる。
A3	『夜明け前』島崎藤村 著	解説	主人公の青山半蔵は、憂国の士として失意の中狂死した作者の父がモデル。
A4	草いきれ	解説	直射日光にさらされた葉では蒸散が盛んになり、周りの湿度は高くなる。これにより発生する湿気を帯びた熱さが草いきれである。人が集まっている場所での熱さは「人いきれ」。漢字では「人熱れ」と書く。

Q1

「蹴込」（けこみ）や「踏面」（ふみづら）などの部分に
分けられるものは何?

東大生
正解率
5%

Q2

日本語の「ごまをする」にあたる
表現を英語では「何を磨く」という?

東大生
正解率
5%

Q3

いつも一緒にいる二人の人のことを、
神前に供える一対の酒器
にたとえて何という?

東大生
正解率
5%

Q4

「澄んだ瞳ときれいな歯」という意味がある、
美人をたとえる四字熟語は何?

東大生
正解率
0%

解答
ANSWER

人力車の足を置く部分も「蹴込」と言います。一緒に乗った友達に自慢しよう!

A1 階段

解説

垂直面を「蹴込」、水平面を「踏面」という。日本最長の階段は熊本県下益城郡美里町の釈迦院にある御坂遊歩道で、3333段、3km弱の長さを誇る。その長さゆえ、この階段を駆け上がるレースが行われている。

A2 リンゴ

解説

英語では"apple-polish"。その由来には諸説あるが、贈り物のリンゴをピカピカに磨いて目上の人に贈ったことにちなむとされている。日本語の「ごまをする」の由来にも諸説があり、明確なところは定かではない。

A3 御神酒(おみき)
徳利(どっくり)

解説

神前に供えるお酒は、常にペアの徳利に入れられるのが習わしであり、常にペアでいる人たちをその徳利の様子にたとえたことば。問題文にある意味のほか、とても似ている二つのものをさしても使われる。

A4 明眸皓歯(めいぼうこうし)

解説

「眸」は「瞳」、「皓」は「きれいな」「白い」という意味であり、美人の条件を二つ並べた四字熟語になっている。

092

Q1　「おくびにも出さない」の
「おくび」って何のこと？

東大生
正解率
0%

Q2　俊才は子供のときから並はずれて
優れているということを
「何は双葉より芳し」という？

東大生
正解率
0%

Q3　負け惜しみで強がりを言うこと。
「引かれ者の何」という？

東大生
正解率
0%

Q4　「弘法にも筆の誤り」のもととなった、
弘法大師が間違えた字は何？

東大生
正解率
0%

解答
ANSWER

ことわざや慣用句は、背景を知ることで定着度がぐんと上がります。解説もしっかり読みましょう！

A1 げっぷ	解説	「おくびにも出さない」とは、あることを他人に言わず、かたくなに心の中にとどめておくこと。
A2 梅檀 （せんだん）	解説	センダンという植物は存在するのだが、このことわざで言及されている「センダン」は「ビャクダン」という別の植物のこと。ビャクダンは英語では"sandal wood（サンダルウッド）"と呼ばれ、香りのよさからアロマオイルに利用される。
A3 小唄	解説	「鼻歌」でも正解。引かれ者とは連行されている罪人のことで、捕まって弱い立場になっているにもかかわらず強がりを通している様から「負け惜しみで強がる様子」を言うようになった。
A4 応（應）	解説	「応天門」という門の名前を書く際に1画目を抜かしたそうだ。

Q1 初夏の俳句として有名な
「目には青葉 山ほととぎす 初鰹」の
作者は誰?

東大生
正解率
0%

Q2 横光利一や川端康成に代表される、
昭和初期の文学一派は「何派」?

東大生
正解率
0%

Q3 女性初のノーベル文学賞を受賞した、
『ニルスのふしぎな旅』で
知られる作家は誰?

東大生
正解率
0%

解 答
ANSWER

ラスト3問は超難問！ 答えられた方はかなりの博識です！

A1 山口素堂
やまぐち そどう

解説

江戸時代前期の俳人で、松尾芭蕉の友人でもあった。問題にあげた句は初夏のさわやかさを詠んだ名句として名高く、青葉は視覚、ホトトギスの鳴き声は聴覚、初鰹は味覚で夏を感じさせる。

A2 新感覚派

解説

1924年に創刊された同人誌「文芸時代」に集った作家たちを評して文芸評論家の千葉亀雄が命名したことば。ダダイズムなどに影響を受け、巧みな比喩による表現を特徴とした。

A3 セルマ・ラーゲルレーヴ

解説

『ニルスのふしぎな旅』は現在も世界的に人気のある児童文学で、小人になった少年がガチョウのモルテンとともにスウェーデンを旅する物語。ラーゲルレーヴは、女性解放運動においても強い影響力をもっていた。

目指せクイズ王！

ことば・文学 全43問

RANK S

正解数 33 ～ 43

すばらしい！
まさに完全無欠ですね！

RANK A

正解数 22 ～ 32

もう一歩。
日本だけでなく、
世界にも目を向けてみよう！

RANK B

正解数 11 ～ 21

基礎はできています！
これから磨き上げていきましょう！

RANK C

正解数 0 ～ 10

伸びしろがありますね！
まずは、好きになるところから！

STAGE 5
社会

地理、歴史、政治、経済などの分野から、幅広く問題を集めました。地理だけできても、歴史だけできても、この「社会」というジャンルはマスターできません。かくいう私も、歴史以外はそこまでできないので、一緒に頑張っていきましょう!

出題者
こうちゃん
Ko-chan

Q1 南半球の国「オーストラリア」を
かつて植民地としていた国はどこ?

東大生
正解率
100%

Q2 若狭湾や志摩半島、三陸海岸などで
見られる、ギザギザな形をした
海岸地形の名前は何?

東大生
正解率
100%

Q3 1467年から10年余り、日本を
東西に二分して展開された内乱は何?

東大生
正解率
95%

Q4 日本の初代内閣総理大臣、
初代貴族院議長などを
歴任した人物は誰?

東大生
正解率
95%

解答
ANSWER

> 伊藤博文は初代内閣総理大臣のイメージが強いですが、色んな役職を歴任しているんですね。すげえ

A1 イギリス

解説 アメリカが独立したことにより、1788年からアメリカに代わり流罪植民地としてイギリス人の移民が始まっていった。

A2 リアス海岸

解説 リアス海岸という名前はスペイン北西部のガリシア地方で多く見られる入り江に由来する。

A3 応仁の乱

解説 足利義政の将軍の後継問題、細川氏と山名氏の勢力争い、畠山氏と斯波氏の家督争いが関係して全国規模の内乱に発展。

A4 伊藤博文

解説 ほかには初代韓国統監、初代枢密院議長なども務めている。1909年に中国のハルビン駅にて民族主義活動家の安重根に殺害された。

Q1 「生類憐みの令」を出した
江戸幕府の将軍は誰?

東大生
正解率
90%

Q2 源義経の兄である、
鎌倉幕府の初代将軍は誰?

東大生
正解率
90%

Q3 アメリカ議会における
二大政党といえば、
民主党と何?

東大生
正解率
90%

Q4 アメリカにある自由の女神。
どこの国から贈られたもの?

東大生
正解率
90%

解 答
ANSWER

徳川綱吉は私の地元、群馬県館林市で活躍した人物！ 地元の人ってだけで親近感湧きますよね！

A1 徳川綱吉

解説

貨幣改鋳による混乱など悪政の印象が強い綱吉だが、学問を奨励するなど、戦国時代からの武断政治を脱却し文治政治への転換を図ったと評価する声もある。

A2 源頼朝

解説

鎌倉幕府は日本最初の本格的な武家政権とされている。弟・源義経との共闘と決別も有名であり、後年には歌舞伎など多くの芸術の題材となった。

A3 共和党

解説

保守層や伝統的なキリスト教団体からの支持が厚い共和党と、リベラル層やマイノリティに支持されている民主党の二大政党制がアメリカ議会の基盤。

A4 フランス

解説

アメリカ合衆国の独立100周年を記念して、独立運動を支援したフランス人の募金によって贈呈された。1886年に完成。

Q1 「国家の３要素」とは、領域、国民と何？

東大生
正解率
90%

Q2 その県域が浜通り、中通り、会津という三つの地域に分けられる日本の県はどこ？

東大生
正解率
85%

Q3 世界最高峰の山・エベレストが属する山脈は何？

東大生
正解率
75%

Q4 スマホメーカーで、シャオミ、OPPO、ファーウェイといえばどこの国の企業？

東大生
正解率
75%

解答
ANSWER

ファーウェイはスマホが普及するにつれよく聞くようになりましたね！アップルを抜いたことあるのすげえ

A1 主権

解説

「権力」でも正解。ドイツの法学者・国家学者であるゲオルク・イェリネックの学説に基づくものである。現在では国際法上の国家の承認要件となっている。

A2 福島県

解説

福島県は東西に広い形をしており、3分割して西から猪苗代湖などがある会津、福島市や郡山市がある中通り、いわき市がある浜通りとなっている。

A3 ヒマラヤ山脈

解説

ヒマラヤとは、サンスクリット語で「雪のすみか」の意。ユーラシアプレートとインド・オーストラリアプレートの境界に位置し、100以上の7000m峰を誇る。

A4 中国

解説

シャオミ（小米科技）やOPPOは主にアジア市場でシェアを誇るメーカーであり、ファーウェイ（華為技術）はスマートフォン世界シェアでアップルを抜いたこともある世界的強豪。

Q1 1971年に起きた大きな世界秩序の変革を、当時のアメリカ大統領の名を使って何ショックという?

東大生
正解率
70%

Q2 卑弥呼で知られる邪馬台国が使節を送った、『三国志』で三国のひとつに数えられている王朝は何?

東大生
正解率
70%

Q3 著書『リヴァイアサン』で人間の自然状態を「万人の万人に対する闘争」と説いた、17世紀イギリスの哲学者は誰?

東大生
正解率
70%

Q4 1517年、教皇庁の免罪符販売を批判する『九十五カ条の論題』を発表し、宗教改革の発端となった人物は誰?

東大生
正解率
70%

解答
ANSWER

このページも深い知識がないと解けない問題が多め。こういう問題を取れるかどうかで差がつきます

A1 ニクソン・ショック

解説

ニクソンが中華人民共和国を訪れたことと、金・ドルの交換を停止して金本位制から変動相場制へ移行したことをまとめて「二つのニクソン・ショック」と呼ぶ。

A2 魏（ぎ）

解説

卑弥呼が魏に使者を送ったことは、歴史書『三国志』の一部『魏志倭人伝』に書き残されている。同書には卑弥呼の治世や使者が送られたことなどが書かれており、邪馬台国研究の重要資料となっている。

A3 トマス・ホッブズ

解説

リヴァイアサンとは、『旧約聖書』に登場する海の怪物の名で、強大な権力を持つ国家にたとえられている。ホッブズは、「闘争」状態の人々を強力な国家が統治する必然性を説いた。

A4 マルティン・ルター

解説

ルターは聖書に基づく信仰のみを説く「福音主義」に立ち、万人祭司思想を主張した。また、聖書のドイツ語訳も完成させている。

Q1 一般に銀行のトップのことを頭取というが、特に日本銀行のトップを何という？

東大生
正解率
70%

Q2 鎌倉幕府の執権・北条泰時が定めた、51カ条からなる武家最初の成文法は何？

東大生
正解率
65%

Q3 フランスの英雄ジャンヌ・ダルクが活躍したのは何戦争？

東大生
正解率
60%

Q4 自由民主党と日本社会党がほとんどの議席を分け合った、戦後日本で長らく続いた政治体制を何という？

東大生
正解率
60%

解答
ANSWER

そもそも銀行のトップを「頭取」ということもそこまで有名じゃないですよね。ここら辺からは難しいなあ

A1 総裁

解説

頭取や社長という名称は、本来法律にはない役職名である。国の機関である日本銀行においては法律に基づく名称を用いるため、日本銀行法に定められた総裁という役職名になる。

A2 御成敗式目
（ご せ い ば い し き も く）

解説

1232年に制定。制定されたときの元号から「貞永式目」とも呼ばれるが、これは後世につけられた呼び方。

A3 百年戦争

解説

ジャンヌ・ダルクは百年戦争末期に登場し、戦争を終結へと導く活躍で一躍有名になった。しかし、最期は異端審問の結果、火刑に処され、この世を去った。

A4 55年体制

解説

その名は55年続いたからではなく、1955年に成立したことに由来。1993年には国民の政治不信により自民党が総選挙で惨敗、55年体制は崩壊した。

Q1 活版印刷の発明者であり、特に『聖書』の印刷で知られるのは誰?

東大生
正解率
60%

Q2 「武力で天下を統一する」という意志を示したとされる、織田信長が印章に用いた四字熟語は何?

東大生
正解率
55%

Q3 国際連合の本部がある都市はどこ?

東大生
正解率
55%

Q4 ここで演説を行ったリンカーンが「人民の、人民による、人民のための政治」という名言を残した、アメリカ南北戦争の激戦地はどこ?

東大生
正解率
55%

解答
ANSWER

A1 グーテンベルク

解説　活版印刷技術により大量かつ高速に文書を作成できるようになったことで、思想やニュースが広まるスピードが格段に上がった。宗教改革にも重大な影響を与え、ルネサンス三大発明の一つに挙げられる。

A2 天下布武（てんかふぶ）

解説　印章とはハンコのこと。織田信長が勢力を拡大したことにより、群雄割拠の時代はその終結へと大きく近づいていくことになる。

A3 ニューヨーク

解説　アメリカのニューヨークに国際連合本部が置かれている。かつて存在した国際連盟の本部が置かれていたのはスイスのジュネーブ。

A4 ゲティスバーグ

解説　リンカーンはアメリカ第16代大統領。奴隷解放宣言を行ったことで「奴隷解放の父」と呼ばれる。南北戦争後、多くの戦死者を弔うための墓地が作られたが、その奉献式で行われた演説の一節が有名になった。

Q1 751年に唐とアッバース朝の間で行われ、イスラム世界に製紙法が伝わるきっかけとなった戦争は何?

 東大生正解率 55%

 Q2 アラビア語で「赤い城塞」という意味がある、スペインのグラナダにあるイスラム建築を代表する宮殿は何?

 東大生正解率 55%

 Q3 グリーンランドはどこの国の領土?

 東大生正解率 35%

 Q4 「砺波山の戦い」とも呼ばれる、木曽義仲が率いた源氏軍が平家軍を破った1183年の戦いは何?

 東大生正解率 35%

解答
ANSWER

アルハンブラ宮殿、私は世界史の授業で習って知り、実際に行ってみたくなりました！ 旅行したい！

A1 タラス河畔の戦い
（かはん）

解説 唐軍の捕虜に製紙職人がいたため。この戦いで唐軍は大敗し、中央アジアのイスラム化が進んだ。

A2 アルハンブラ宮殿

ライオンの中庭

解説 かつてスペインを含むイベリア半島はイスラム教勢力が支配しており、その後キリスト教下に入った。この世界遺産の宮殿にも両宗教の影響が見てとれ、「カルロス5世の噴水」「ライオンの中庭」などの見どころがある。

A3 デンマーク

解説 グリーンランドは世界最大の島。大陸の中で最も小さいのはオーストラリアであり、両者の間で「大陸か島か」が分けられている。2番目に大きい島はニューギニア島。

A4 倶利伽羅峠の戦い
（くりからとうげ）

解説 倶利伽羅峠は、現在の富山県と石川県の境にある峠。源氏軍は牛の角に火のついた松明をくくりつけ、敵陣に放って勝利したと伝わっている。

Q1 戦前の「新嘗祭(にいなめさい)」という名前の祭日は、現在は何という祝日になっている?

東大生
正解率
25%

Q2 日本語の「もったいない」ということばに感銘を受け、"MOTTAINAI"キャンペーンを展開した、ケニアの女性活動家は誰?

東大生
正解率
25%

Q3 ユネスコのシンボルマークにも描かれている、アテネにあるアクロポリスの丘にたたずむ有名な神殿は何?

東大生
正解率
20%

Q4 「日本三名園」のひとつ「後楽園」がある都道府県はどこ?

東大生
正解率
20%

解答
ANSWER

天皇誕生日が2月になった影響で、勤労感謝の日は1年で最後の祝日になりましたね

A1 勤労感謝の日

解説

「新嘗祭」はその年の収穫に感謝して行われるお祭りや儀式で、飛鳥時代ごろから宮中で行われていた。宮中の祭祀の中でも重要度が高く、戦前から休日となっていたが、1948年から「勤労感謝の日」という名前に変更となった。

A2 ワンガリ・マータイ

解説

「グリーンベルト運動」という植林活動の提唱者であり、2005年の来日以後は"MOTTAINAI"キャンペーンを興し日本でも注目された。2004年にはアフリカ人女性として初めてノーベル平和賞を受賞している。

A3 パルテノン神殿

解説

アテネの守護神である女神アテナのために建てられたギリシャ建築の傑作。その由緒正しい歴史の一方、戦争により損傷したり、多くの彫像が他国に持ち出されたりしている。

A4 岡山県

解説

後楽園は岡山県岡山市にある。兼六園は石川県金沢市に、偕楽園は茨城県水戸市にある。

Q1 日本国憲法は全部で何条?

東大生
正解率
15%

Q2 雨季にはメコン川の水が逆流して
乾季の3倍以上の面積になる、
カンボジア西部にある
東南アジア最大の湖は何?

東大生
正解率
15%

Q3 日本でいちばん
「村」の数が多い
都道府県はどこ?

東大生
正解率
10%

 Q4 独特の生態系で知られる
ガラパゴス諸島はどこの国の領土?

東大生
正解率
5%

解答
ANSWER

ちなみに大日本帝国憲法は全部で76条。クイズ王になりたい人は、こういう派生知識も覚えておきたいですね

A1 103条

解説 「国民主権」「基本的人権の尊重」「平和主義」を三大原則として、1947年5月3日から施行され、改正されることなく現在に至っている。

A2 トンレサップ湖

解説 トンレは「川」、サップは「淡水湖」を意味する。乾季には腰がつかる程度の浅さとなるほど干上がるが、雨季には面積が数倍になる。いくつもの水上村があり、見学ツアーが人気。

A3 長野県

解説 35の村がある長野が一番。市なら埼玉県（40）、町なら北海道（129）が一番。

A4 エクアドル

解説 イギリスの科学者チャールズ・ダーウィンは、ガラパゴス諸島をはじめとする世界各地を回遊。この航海をきっかけに、彼は進化論の構想に至ったといわれている。

Q1 ドイツの社会学者フェルディナント・テンニースが提唱した、利害関係によってのみ成り立つ社会組織をさすことばは何?

東大生正解率 5%

Q2 日本のお札の肖像に描かれた二人の内閣総理大臣とは、伊藤博文と誰?

東大生正解率 5%

Q3 香川県の小豆島と前島の間にある、最も幅の狭いところは9.93mと、世界一狭い海峡は何?

東大生正解率 0%

Q4 1960年、シリマヴォ・バンダラナイケが世界で初めて女性として首相に就任した国はどこ?

東大生正解率 0%

解答
ANSWER

このページには東大生正解率0%の問題が2問も……。あなたは正解できましたか？

A1 ゲゼルシャフト

解説

これに対して、家族や村落など、血縁や地縁関係によって形成した集団を「ゲマインシャフト」と呼ぶ。テンニースは感情的つながりのゲマインシャフトを前時代的、利害によるつながりのゲゼルシャフトを近代的と論じた。

A2 高橋是清
たかはしこれきよ

解説

昭和26年に発行された五十円札に描かれている。ちなみに、肖像で眼鏡をかけているのは、高橋是清と新渡戸稲造の二人のみ。

A3 土渕海峡
どふち

解説

全長は2.5km。世界一狭い海峡としてギネス世界記録に申請する際、両岸にある土庄町（とのしょうちょう）と渕崎（ふちざき）地区から取って命名されたものであり、それ以前は特に名前がなかったという。

A4 スリランカ

解説

バンダラナイケはスリランカの空港にも名を残す。1994年には娘のチャンドリカ・クマラトゥンガも首相に就任している。

目指せクイズ王！

社会 全40問

RANK S

正解数 30 ～ 40

おめでとうございます。
社会を知り尽くしている自分に
誇りを持ちましょう！

RANK A

正解数 20 ～ 29

かなり博識ですね。
不得意分野を勉強して、
自分の知識にさらに磨きをかけましょう！

RANK B

正解数 10 ～ 19

まずまずの出来。
間違えた問題を復習して、
知識を増やしていきましょう

RANK C

正解数 0 ～ 9

日頃のニュースをしっかりチェックして、
少しずつ社会の知識を
深めていきましょう！

QuizKnock

STAGE 6
トレンド

クイズは生涯遊戯。大会では、クイズ歴 30 年を超えるような歴戦の雄たちが年を経てなお大活躍しています。彼らのスゴいところは、興味の幅を広く持ち続ける探究心。当然、若者の流行もキッチリ押さえているのです。さ、負けてられませんぜ！

出題者
伊沢拓司
Takushi Izawa

Q1 代表曲に『Pretender』『ノーダウト』がある、4人組ピアノポップバンドは？

東大生
正解率
95%

Q2 専門家が学術誌に投稿された学術論文を読み、その内容を審査することを何という？

東大生
正解率
90%

Q3 富士山の異名から名前がつけられた、スーパーコンピューター「京」の後継機は？

東大生
正解率
90%

Q4 パソコンやスマートフォンの画面から出ている、波長が短く目に刺激を与える光の一種は何？

東大生
正解率
85%

解答
ANSWER

「富岳」は「京」の100倍の性能を目指しているそう。つまり、「富岳百京」?

A1	オフィシャル Official ひげだん ディズム 髭男 dism	解説	その名に反して髭を伸ばしているメンバーはいないが、「髭の似合う歳になっても、このメンバーで音楽を続けていきたい」という思いが込められている。
A2	査読	解説	学会誌などに掲載する論文については、その事実や方法の正当性への検証が行われる。著者の知人が行うものから、著者の名前を伏せて行われる厳密なものまでやり方は様々。
A3	ふ がく 富岳	解説	理化学研究所のスーパーコンピューターで、2021年に本格的な運用が開始される予定。2020年には、計算速度・ビッグデータ分析能力など4部門で、他国のライバル機を圧倒して世界一となった。
A4	ブルーライト	解説	青色の光は波長が短く、強いエネルギーを持ったまま網膜に到達し、刺激を与えるとされている。しかしブルーライトカット商品については効果に否定的な論文も少なくないため疑念が残る。

Q1
近年問題となっているハラスメント
行為の一つ「アカハラ」といえば、
何という言葉の略？

東大生
正解率
85%

Q2
春秋戦国時代の秦を舞台に、
「天下の大将軍」を目指す
少年・信を主人公とする、
原泰久の漫画は？

東大生
正解率
75%

Q3
かつて陸と海のシルクロードが通っていた
地域を、一つの大きな経済圏に育てようと
する、近年の中国が推し進める構想は何？

東大生
正解率
60%

Q4
外食チェーン店などにおいて、
従業員が1人ですべての業務を
切り盛りすることを何という？

東大生
正解率
50%

解答
ANSWER

※このコメント欄は竈煙(ほうけん)の襲来を受けて文字が吹っ飛びました

A1	アカデミック・ハラスメント	解説	パワハラの一種で、大学などの研究機関において研究上の立場の差を利用して行われるハラスメントをさす。単位や卒業の認定を妨害したり、研究の邪魔をしたり、過度に叱りつけたりなどの行為が該当する。
A2	『キングダム』	解説	2006年から週刊ヤングジャンプで連載されている人気漫画。累計発行部数は2200万部を超え、実写映画化もされている。
A3	一帯一路構想	解説	中央アジア・西アジア・南アジア一帯の対象地域には、世界人口の6割以上が暮らす。中国はこの構想への参加国に巨額の投資を行い、自らが中心となる巨大経済圏を創出して、アメリカに肩を並べようとしている。
A4	ワンオペ	解説	ワンオペレーションの略であり、牛丼チェーンの過酷な労働環境が明るみになった際に知られるようになった。最近では片方の親しか育児に携わらない「ワンオペ育児」も話題に。

Q1 仮想通貨取引において、通貨の信用を裏づけるために行われる作業のことを、鉱石の採掘にたとえて何という？

東大生正解率 50%

Q2 大きなテントや豪華な食事を用意して行う贅沢なキャンプのことを、「グラマラス」と「キャンピング」を組み合わせたことばで何という？

東大生正解率 50%

Q3 77万4000年前から12万9000年前にあたる、地質学における年代を、基準となる地層が位置する日本の県名から何という？

東大生正解率 50%

Q4 韓国料理の「タッカルビ」で使われる肉は何？

東大生正解率 45%

解答
ANSWER

マイニングの語源"mine"には色々な意味が。「採掘する」以外にも「私のもの」「地雷」「宝庫」「鉱山」……

A1 マイニング

解説

マイニングは英語で「採掘」という意味。マイニングを行うことにより通貨が新規に発行されることから、鉱石採掘にたとえられた。

A2 グランピング

解説

もともとは欧米のセレブなどが楽しんでいた旅行スタイルで、インスタ映えブームなどとともに日本でも人気に火がついた。星野リゾートなど大手リゾート運営会社もグランピング施設を保有しており、さまざまな野外アクティビティを楽しむことができる。

A3 チバニアン

解説

地球の歴史は、隕石の衝突や寒冷化などの節目ごとに117の時代に分かれており、基準となる地層の所在地にちなんだ名前がつく。日本の地層が、地質年代の基準に採用されるのは初めてである。

A4 鶏肉

解説

近年のチーズタッカルビブームで注目された韓国料理。「カルビ」は「あばら骨」を、「タッ」が鶏をあらわしている。「タッカルビ」とも「ダッカルビ」ともいう。

Q1 1人のメンバーではなくアイドルグループ全体を応援することを、ある入れ物を使った表現で何という？

東大生
正解率
40%

Q2 「天空の鏡」と呼ばれる絶景が見られる、ボリビアにある塩湖は何？

東大生
正解率
35%

Q3 学校生活や仕事のかたわらで家族の介護に忙殺されている、18歳未満の若者を指す外来語は何？

東大生
正解率
25%

Q4 アニメ映画などについてよく実施される、声援をあげたりアテレコをしたりといった行為が認められる上映会のことを何という？

東大生
正解率
25%

解答
ANSWER

ウユニ塩湖のホテルに行ったら、文字通りの意味で「塩対応」が受けられそう

A1	箱推し	解説	グループそのものを応援する箱推しに対し、グループのメンバー一人を強く応援することを「単推し」と呼び、推しているメンバーのことは「推しメン」「自担」などと表現する。
A2	ウユニ塩湖	解説	ボリビア西部の町ウユニは塩の生産が盛んであり、ウユニ塩湖の中ほどには塩で作られたホテルが存在している。
A3	ヤングケアラー	解説	介護の過度な負担による、学業や将来への悪影響が懸念されている。
A4	応援上映会	解説	2016年のアニメ映画『KING OF PRISM by PrettyRhythm』のヒットをきっかけにこの名称が普及した。主にリピーターが映画に合わせて合いの手を入れたりして一体感を楽しむ。同じような試みの「爆音上映会」も人気。

Q1 コンピュータシステムの一部に
不正にロックをかけ、解除のために
身代金を要求するタイプの
コンピュータウイルスを何という?

東大生
正解率
20%

Q2 2020年の発行を目指していたが
延期された、Facebook社が
立ち上げを発表している仮想通貨は何?

東大生
正解率
20%

Q3 ブンデスリーガの新興強豪クラブの
RBライプツィヒを運営する、
清涼飲料水の企業はどこ?

東大生
正解率
15%

Q4 マイナンバー制度によって
交付される「個人番号」は何桁?

東大生
正解率
15%

解答
ANSWER

RBライプツィヒはフットボールの実験場。練習、戦術、補強……そのすべてに先端研究が活かされています

A1 ランサムウェア

解説

ランサムは「身代金」の意味。多くのお金を集めることができるため、2010年代中盤から多種多様なランサムウェアが猛威を振るった。特に2017年に出現した"WannaCry"は世界の大企業と国家機関に甚大なダメージを与え有名になった。

A2 リブラ

解説

「暗号資産」とも呼ばれる仮想通貨は、政府に依存しない、インターネット上の新たな貨幣として注目されている。しかし、犯罪に悪用されたり、各国の経済政策に悪影響を与えたりする危険性も指摘されている。

A3 レッドブル

解説

全員が90分間激しく走り回る「パワーフットボール」や、若手中心に選手を獲得するといった、独自の方針により躍進した。親会社の資金力にも後押しされ、クラブ創設からわずか7年で5部から1部まで駆け上がった。

A4 12桁

解説

法人に対しては「法人番号」と呼ばれる13桁の番号が交付される。個人番号は住民票をもつ外国人にも交付される。

Q1 2017年から将棋のタイトル戦の一つとなった、ドワンゴが主催する棋戦は何？

東大生正解率 10%

Q2 カジノ整備法などとも呼ばれた「IR推進法」。このIRは何ということばの略？

東大生正解率 10%

Q3 日本の大学でも近年行われるようになった、卒業生を大学側が招きもてなすイベントを何という？

東大生正解率 10%

Q4 ヒッピームーブメントのころの流行であったが近年リバイバルの流れが来ている、自然物をイメージした茶色や緑色といったカラーをファッション用語で何という？

東大生正解率 10%

解答
ANSWER

東京大学のホームカミングデイは、基本どなたでも参加できます。貴重な講演会や見学会もあるので、ぜひ

A1 叡王戦
（えいおうせん）

解説

前期叡王と挑戦者が行う七番勝負では、各対局で持ち時間が変わるという特殊なルールが用いられている。タイトル戦になって最初の勝者は高見泰地六段（当時）。

A2 Integrated Resort
インテグレーテッド リゾート

解説

日本語に訳すと「統合型リゾート」。カジノを中心として会議施設や大型店舗を設けたリゾートをさして使われる。

A3 ホームカミングデイ

解説

本場アメリカでは、その大学のカレッジフットボールを観戦したりダンスパーティをしたりと本格的な活動を行う。日本で行われるものはパーティなどでの交流がメイン。

A4 アースカラー

解説

もともとは70年代に流行した自然志向のファッションの一部であったものだが、近年いろいろなアイテムと合わせやすいことから再注目されている。

Q1 PayPal（ペイパル）やテスラ、スペースXといった企業を立ち上げたことで知られ、世界が注目しているアメリカの実業家は誰？

東大生
正解率
5%

Q2 2016年ごろからストリートファッションの一部として流行している、厚底でカラフルなスニーカーのことを「おじさんくさい」ことから何という？

東大生
正解率
5%

Q3 2018年1月にシアトルで1号店がオープンした、Amazonが展開する無人スーパーは何？

東大生
正解率
5%

Q4 石川県が開発し2007年に品種登録された、初競りで一房100万円を超える高値がつくことで有名な高級ぶどうは何？

東大生
正解率
5%

解答
ANSWER

DADスニーカー、人気のやつは10万円とか余裕で超えてきますからね。ファッションって難しい

A1 イーロン・マスク

解説

クリーンエネルギーや宇宙開発の分野で注目を集める起業家。女優との交際やSNSでの炎上でも有名で、エイプリルフールに経営破綻したと嘘をついて株価を暴落させたこともある。

A2 DADスニーカー

（ダッド）

解説

ルーズなスタイルが好まれるストリートファッションにおいて、導入されると息の長い流行となり、2018年にはディオールやシャネル、ルイ・ヴィトンなどが相次いでDADスニーカーを発売した。

A3 Amazon Go

（アマゾン　ゴー）

解説

対応しているスマホアプリを使って入口で個人認証を行うと、商品をバッグに入れるだけで購入リストに追加され、あとからクレジットカードにより引き落とされる仕組み。

A4 ルビーロマン

解説

厳しい品質基準や割高なコストにより生産量が少なく、希少価値もあいまって超高級フルーツとなっている。巨峰の2倍もある大きな実と高い糖度が人気。

Q1 企業の財務状況だけでなく、環境・社会・企業統治を判断材料に、投資先を選ぶ手法を何という?

東大生
正解率
0%

Q2 心理学において、不利な状況に耐え、適応したり回復したりできる能力のことを何という?

東大生
正解率
0%

Q3 ボトルにオイルを詰め、そこに押し花などを詰めたインテリアを「植物標本」を意味する言葉で何という?

東大生
正解率
0%

Q4 2018年に国名の変更を宣言した、かつて「スワジランド」と呼ばれていたアフリカ南部の国はどこ?

東大生
正解率
0%

解答
ANSWER

レジリエンスはサッカーの戦術論的にも注目の的。チームの「普段通り」をどうつくるかがテーマです

A1 ESG投資
（イーエスジー）

解説 環境(Environment)、社会(Social)、企業統治（Governance）に配慮している企業を重視して行う投資手法。短期的な利益ではなく企業の長期的・持続的価値に着目する。

A2 レジリエンス

解説 社会やビジネスが複雑化し、絶え間ない環境変化にさらされている現代において注目されてきた概念。サッカー日本代表・吉田麻也選手の著書のタイトルにも。

A3 ハーバリウム

解説 もともとは押し花やプリザーブドフラワー自体をさしていたが、問題文にあるようなインテリアがインスタグラムの流行とともに普及している。

A4 エスワティニ

解説 「スワジランド」は「スワジ人の国」を意味しているが、英語での国名であったため、現地のことばで同じ意味となるエスワティニへと改称された。

Q1 英語で「エルゴノミクス」という
学問を、日本語では何という？

東大生
正解率
0%

Q2 「無料」と「割増金」を意味する英語を
合成した言葉である、基本サービスを
無料で提供し、より高度なサービスを
有料にするビジネスモデルを何という？

東大生
正解率
0%

Q3 環境省がフードロスを減らすために
提唱している、宴会のうち一定の時間
は食事をしっかりとろうという
運動を何という？

東大生
正解率
0%

解 答
ANSWER

僕はアテ飲み派なので、2時間の飲み会だと6060運動です

A1 人間工学

解説

人間工学とは、人間の動きを研究してものづくりに生かそうとする学問。使い続けても疲れにくいペン、運転ミスを防ぐような自動車設計などがその代表例である。

A2 フリーミアム

解説

フリーとプレミアムの合成語であり、ソーシャルゲームやビジネス用のアプリなどでよく見られる。アメリカの人気雑誌『Wired』の編集長を務めていたクリス・アンダーソンが紹介したことで世に広まった。

A3 さんまるいちまる 3010運動

解説

宴会開始からの30分は自分の席で食事を楽しみ、ラストの10分は食べ残しを減らそう、という運動。日本では年間600万トン以上の食品が食べられる状態で廃棄されており、環境のためにもフードロス削減が叫ばれている。

Q1 カフェの店頭などに置かれている、カラーペンなどで文字や絵が書かれた黒板のことを何という?

東大生
正解率
0%

Q2 日本ではあべのハルカスで行われる大会が世界的に有名である、ビルの階段を頂上に向けて駆け上がるニュースポーツは何?

東大生
正解率
0%

Q3 ハリウッドセレブの間で流行中の「パトロン」といえば、どんな種類のお酒の銘柄?

東大生
正解率
0%

解答
ANSWER

数年前、テキーラ専門店でガンマン姿のマスターに「味わって飲めば二日酔いにならないよ」と教わりました

A1 オファリング ボード

解説

オファリングということばには「売り出し」や「提供」という意味があり、その名のとおり売り出し中の新商品などの宣伝に使われる。

A2 垂直マラソン

解説

「バーティカルラン」でも正解。あべのハルカスで行われる「ハルカススカイラン」は「バーティカルワールドサーキット」という世界シリーズ戦の一つに数えられている。一般人も参加できるため、密かなブームなんだとか。

A3 テキーラ

解説

ショット飲みの印象が強いテキーラだが、ゆっくりと味わう飲み方でハリウッドセレブの間で近年人気を呼んでいる。「パトロン」はその中でも最も優れたブランドとされ、愛飲されている。

Q1 東京国立近代美術館から独立する形で
2018年に誕生した、日本初の映画を
テーマにした国立美術館は何?

東大生
正解率
0%

Q2 女優の田中律子がその日本協会の
理事長を務めている、水に浮かべた
ボードの上でヨガを行う
アクティビティは何?

東大生
正解率
0%

Q3 アメリカのスターバックスでも
提供されるなど海外でブームとなっている、
ある日本食と代表的なメキシコ料理を
組み合わせたヘルシー食品は何?

東大生
正解率
0%

解 答
ANSWER

個々の問題は経年劣化するでしょう。
しかし「問題を通してトレンドを押さ
える視点」は錆びない財産なのです

A1 国立映画アーカイブ

解説

中央区京橋に位置し、特集上映な
どを見たり、図書館で調べ物ができ
たりする。日本の国立美術館はこの
ほかに五つあり、それぞれメインとな
るジャンルが分かれているが、唯一
国立新美術館のみ常設展をもたな
い形式で運営されている。

A2 SUPヨガ
サップ

解説

SUPとは"Stand Up Puddleboard"
の略であり、サーフボードより大きめ
のボードに立ち、パドルで水をかき
ながら進む水上アクティビティ。この
ボードの上でヨガを行い、自然を感
じるのがSUPヨガである。

A3 寿司ブリトー

解説

巻きずしの要領で、アボカドなどの
野菜や肉類をコメとのりで巻いて食
べる。折からの和食ブームにヘルシ
ー志向が加わり、また調理・運搬
が容易であることから宅配サービス
などを中心に人気となっている。

目指せクイズ王！

トレンド 全41問

RANK S

正解数 31 ～41

すばらしい！
トレンドを押さえ続ければ、
オールタイムの知識人

RANK A

正解数 20 ～30

流行を押さえるのはクイズの基本。
基本をこなす努力に敬服！

RANK B

正解数 10 ～19

聞いたことはあったのに！
と思えたら上出来

RANK C

正解数 0～9

トレンドは移り変わるもの。
次に来るものに注目してみよう

QuizKnock

STAGE 7
イラスト・写真

地理や生物など、多彩なジャンルからの出題です。耳で聞いたことがあるだけではなかなか答えられないのが、画像クイズの醍醐味。全問題を解き終わった後、世界を見る目が少しだけ変わっているかもしれません。そんな問題を集めてみました!

出題者
山本祥彰
Yoshiaki Yamamoto

Q 次の形の都道府県はそれぞれ何？

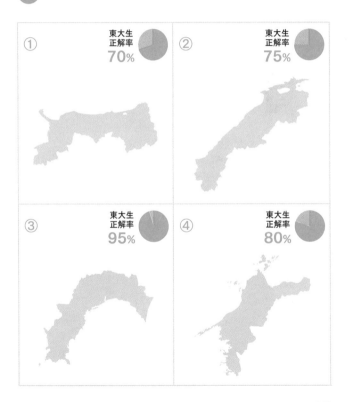

① 東大生
正解率
70%

② 東大生
正解率
75%

③ 東大生
正解率
95%

④ 東大生
正解率
80%

解 答
ANSWER

① 鳥取

② 島根

③ 高知

④ 愛媛

解説 いずれも横に長く紛らわしい県。愛媛県はひょろりと伸びる佐田岬半島が、高知は南側のなだらかな土佐湾が特徴的。鳥取は北西の端がヒョロリと跳ねている。

Q 次の名産品はそれぞれ何?

① 滋賀　東大生正解率 55%

② 京都　東大生正解率 50%

③ 秋田　東大生正解率 35%

④ 福島　東大生正解率 80%

解答
ANSWER

名産品には歴史がつきもの。「西陣」という地名は、応仁の乱で西軍が陣を置いたことに由来します

① 信楽焼
しがらきやき

② 西陣織
にしじんおり

③ 曲げわっぱ

④ 赤べこ

解説

信楽焼は狸の置物が有名ながら器も人気がある。西陣織は応仁の乱で西軍の陣地が置かれた場所で作られたことから名づけられた。最近の赤べこは薄型テレビの上に置けるよう薄く作られたものもある。

148

Q 次の絵は故事成語の由来を描いたもの。
それぞれ何？

① 東大生
正解率
55%

② 東大生
正解率
60%

③ 東大生
正解率
60%

④ 東大生
正解率
0%

149

解答
ANSWER

高校生の頃は、「国語便覧」で故事成語のエピソードを読むのが好きでした

① 漁夫の利（ぎょふのり）

解説 シギとハマグリが争っているところを、横から入ってきた漁師が両方とも捕まえたという故事から。

② 朝三暮四（ちょうさんぼし）

解説 宋の国の狙公が猿にトチの実を与えたときのエピソードから、目先の違いに気をとられ実態に気づかないこと。

③ 杞憂（きゆう）

解説 空が落ちてこないかという取り越し苦労をしていた杞の国の人から生まれたことば。

④ 折檻（せっかん）

解説 前漢の朱雲が皇帝を諌めて、朝廷から引きずり出されそうになった際、欄檻を折れるまでつかみ続けたという故事から、激しく叱ったり懲らしめたりすることを「折檻」というようになった。

150

Q 次の写真はすべて、日本にある世界遺産
の建物である。それぞれ何?

① 東大生正解率 15%

② 東大生正解率 15%

③ 東大生正解率 0%

④ 東大生正解率 10%

解答
ANSWER

日本の世界遺産は全部で20件以上。全部覚えて、新しい特技にしちゃいましょう!

① 大浦天主堂
おおうらてんしゅどう

解説 長崎市にあるカトリックの教会堂で、2018年に「長崎と天草地方の潜伏キリシタン関連遺産」として登録。

② 国立西洋美術館

解説 東京都台東区にある美術館で、建築家ル・コルビュジエの作品。世界各地のコルビュジエ作品とともに登録された。

③ 宗像大社
むなかたたいしゃ

解説 福岡県にある宗像大社は「『神宿る島』宗像・沖ノ島と関連遺産群」の一部を成し、上陸が禁じられている沖ノ島とともに崇拝の対象となっている。

④ 韮山反射炉
にらやまはんしゃろ

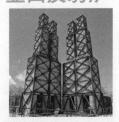

解説 静岡県伊豆の国市にある金属精錬用反射炉で、「明治日本の産業革命遺産 製鉄・製鋼、造船、石炭産業」として2015年に登録されている。

次の絵で示されたものを何という?

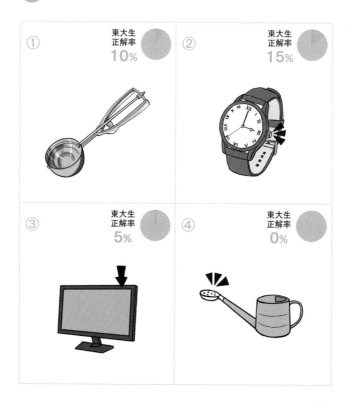

解答
ANSWER

見たことはあるけど名前は知らない。そういうものをクイズにしたくなっちゃうのです

① ディッシャー

解説 アイスクリームやマッシュポテトをすくい取るときに用いる、半球状の器がついた器具。

② 竜頭（りゅうず）

解説 「クラウン」でも正解。時計の進み具合などを調整するのに使うツマミのこと。

③ ベゼル

解説 パソコンのディスプレイやスマートフォンにある縁の部分で、小型化の対象となっている。

④ 蓮口（はすぐち）

解説 じょうろの先端にある水を分ける部分のことで、ハスの花托（かたく）に見た目が似ていることに由来している。

Q 動物の体の次の部位を何という?

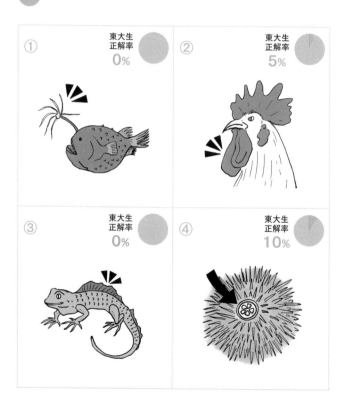

① 東大生正解率 0%

② 東大生正解率 5%

③ 東大生正解率 0%

④ 東大生正解率 10%

155

解答
ANSWER

動物の体の部位にも名前があります。キリンが持っている角の名前は「オシコーン」

① イリシウム

解説 「誘引突起」でも正解。チョウチンアンコウの仲間に見られる。背びれの棘が変化したもので、先端の光る部分はエスカと呼ばれる。

② 肉垂れ
（にくだ）

解説 鳥の頬や顎についている肉のこと。「肉垂（にくすい）」ともいい、ウサギの顎の下の肉も同様に呼ばれる。

③ クレスト

解説 トカゲの仲間の背にある帆のような器官。愛好家の観賞のポイントの一つ。

④ アリストテレスの提灯
（ちょうちん）

解説 ウニの口にある咀嚼（そしゃく）器官で、提灯に似たものとして初めて記載したアリストテレスにちなんでそう呼ばれる。

Q この二つの植物から
連想される歌は何?

東大生
正解率
10%

解答
ANSWER

イラストから花の名前がわかっても、童謡を知らないと答えられないのが難しいところ。正解できましたか？

A 「夏の思い出」

解説

詩人の江間章子が作詞、「めだかの学校」「ちいさい秋みつけた」で知られる中田喜直が作曲を手がけた。福島、新潟、群馬にまたがる尾瀬の情景を歌ったもので、この曲のヒットをきっかけに尾瀬への観光客が増加したとされる。水芭蕉（左下）と石楠花（右下）はどちらも歌詞に登場する花だが、石楠花自体は色の説明で登場するのみ。水芭蕉の花が咲くのは実際には5月頃であり、真夏に行っても見ることはできない。

みずばしょう
水芭蕉

しゃくなげ
石楠花

Q 日本の家にある部位の名前はそれぞれ何？

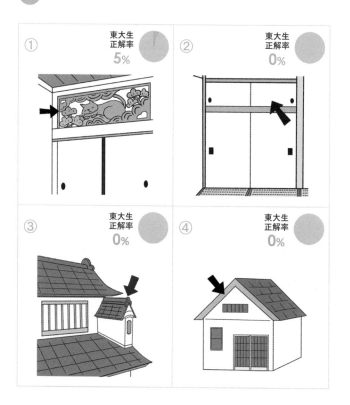

① 東大生正解率 5%

② 東大生正解率 0%

③ 東大生正解率 0%

④ 東大生正解率 0%

159

解 答
ANSWER

床の方にある袋戸棚は、「地袋」という名前がついています。どんなものにも名前があるのですね

① 欄間 <small>らんま</small>

解説 天井と鴨居（かもい）の間に設けられた、風通しをよくするための部分。彫り物などがしてあるものが多い。

② 天袋 <small>てんぶくろ</small>

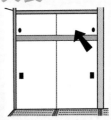

解説 天井に近いところに造られる戸棚で、現代でも押し入れの上によくある。

③ うだつ

解説 屋根に防火のためなどにつけられた小さな柱が「うだつ」であり、設置に金がかかったことから出世できないことを「うだつが上がらない」といった。

④ 破風 <small>はふ</small>

解説 図のような屋根下の「へ」の字形の部分のことで、装飾が施されることも多い。

目指せクイズ王!

イラスト・写真 全29問

RANK S

正解数 22 〜29

おみごとです!
クイズ王に認定します!

RANK A

正解数 14 〜21

なかなかの高得点。
間違えた問題を見直そう!

RANK B

正解数 7 〜13

まずまずの得点!
気になったら調べる癖をつけましょう!

RANK C

正解数 0〜6

千里の道も一歩から。
まずは1つ覚えるところから始めよう!

QuizKnock

STAGE 8
ライフ

身の回りのことだから簡単かな、と思いきや、意外に難しいのがジャンル「ライフ」。わかりそうでわからない、そんな問題がたくさん収録されています。あまり難しく考えず、自分の直感を信じて解答するのが、このジャンルの攻略法かも!?

出題者
こうちゃん
Ko-chan

Q1 超過労働の強制などを行う
悪い会社のことを、
ある色を使って「何企業」という?

東大生
正解率
100%

Q2 フォルクスワーゲンや
メルセデス・ベンツは
どこの国の自動車会社?

東大生
正解率
100%

Q3 日本家屋の中央部にある、
特別に太く作られた柱を何という?

東大生
正解率
90%

Q4 服の模様。日本では、
縦縞はストライプ、
では横縞は何という?

東大生
正解率
90%

解答
ANSWER

よくお父さんのことを「一家の大黒柱」なんて言いますよね。むしろこっちの使い方が有名かもしれません

A1 ブラック企業

解説

2013年 ユーキャン新語・流行語大賞を受賞。英語では不当労働をさせる工場を"sweatshop"と呼ぶ。"sweat"は「汗」のほか「重労働」の意味もあるため。

A2 ドイツ

解説

ドイツは日本やアメリカと比肩する自動車産業大国。問題文に挙げた会社以外では、アウディ、ポルシェ、BMWなどがドイツの会社である。

A3 大黒柱

解説

富や繁栄を司る神様である大黒天をおそばに飾ったことが名前の由来とされている。転じて、ある集団の中心を担う人物に用いられる表現にもなった。

A4 ボーダー

解説

ちなみに、斜めの縞はバイアスと呼ぶ。ボーダー柄、ストライプ柄ともに色合いや太さ、パターンに応じて多種多様な名前がつけられている。

Q1 ふつう、夢を見ているときの睡眠は
レム睡眠？　ノンレム睡眠？

東大生
正解率
85%

Q2 ご飯をつぶし、串に円筒形に塗りつけて
焼いた、秋田の郷土料理は何？

東大生
正解率
70%

Q3 スマートフォン用OS「Android」を
開発した企業は何？

東大生
正解率
65%

Q4 日が照っているのに雨が降ることを、
ある動物を用いた表現で何という？

東大生
正解率
65%

解答
ANSWER

きりたんぽ食べたことありますか？
私はめっちゃ好きなので、たまに通販で買って鍋にして食べてます！

A1 レム睡眠

解説 「レム（REM）」とは"Rapid Eye Movement"の頭文字。レム睡眠中は眼球が高速で動いている。

A2 きりたんぽ

解説 きりたんぽは秋田県北部が起源とされ、現在では秋田全域だけでなく日本各地で食べることができる代表的な郷土料理である。武術の訓練に用いる「たんぽ槍」に似ていたことからその名がついた。

A3 Google

解説 元アップルの技術者であったアンディ・ルービンらによって開発され、2007年に発表された。Androidのロゴにある緑色のロボットのキャラクターは日本では「ドロイド君」の愛称で親しまれている。

A4 狐の嫁入り
きつね

解説 地方によっては「狐の嫁取り」「狐雨」「狐の祝言」などといわれることも。不思議な現象なので「狐に化かされているのではないか」と感じることに由来した言い回しである。

Q1 浴衣を着るときは、自分から見て
左右どちらを手前にするのが正しい？

東大生
正解率
50%

Q2 英語で "pharmacy"。
日本語で何のこと？

東大生
正解率
50%

Q3 4月にある唯一の国民の祝日は何？

東大生
正解率
45%

Q4 フランス料理のフルコースで、
コースの最初に出てくる
一皿のことを何という？

東大生
正解率
40%

解答
ANSWER

オードブルという言葉は聞いたことあっても、それがフランス料理の用語だとはなかなかわからないですよね

A1 右側

解説

最初に右側を合わせ、その上に左側を合わせる。逆は「死人合わせ」と呼ばれ縁起が悪い。向かい側から見るとアルファベットの小文字「y」のように見えるのが正しい着方である。

A2 薬局、薬学

解説

可算名詞としては「薬局」、不可算名詞としては「薬学」を意味する。海外の薬局はシンボルとして緑色の十字マークを使用していることが多いため、覚えていると旅先で役に立つ。

A3 昭和の日

解説

「昭和の日」は4月29日。もともとこの日は「みどりの日」であったが、みどりの日は5月4日に移動した。

A4 オードブル

解説

フランス語で「作品外」という意味。イタリア料理ではアンティパスト。アペタイザーは前菜で、オードブルはフルコースのいちばん最初という使い方。

Q1 フレックスタイム制において、必ず労働しなければいけない時間を何という？

東大生
正解率
35%

Q2 救急車は119。では海難事故に遭ったときは何番にかければよい？

東大生
正解率
35%

Q3 漢字では「鱧」と書く、京都を中心に西日本でよく食べられる魚は何？

東大生
正解率
35%

Q4 ちくわパン、ラーメンサラダ、スープカレーなどの食べ物が誕生した、日本の都市はどこ？

東大生
正解率
30%

解答
ANSWER

3桁番号サービスは他に、天気予報の177や、時報の117などがありますね。118も覚えてあげましょう！

A1 コアタイム

解説

フレックスタイム制とは、決められた総労働時間の中で始業や終業を労働者が自由に調整できる制度。コアタイムに対して、労働者の裁量にまかせられた時間帯をフレキシブルタイムという。

A2 118

解説

海難事故や密輸などの海上犯罪通報に用いられる。知名度の低さゆえにほかの3桁番号サービスとのかけ違いも頻発しており、海上保安庁がさまざまな告知キャンペーンを行っている。

A3 ハモ

解説

鱧（ハモ）は、夏が旬の白身魚。細長い見た目をしたウナギの仲間で、京料理の定番となっている。硬い小骨が多く「骨切り」と呼ばれる独特の方法で調理される。

A4 札幌

解説

スープカレーのオリジナルは札幌市の喫茶店「アジャンタ」が発売した「薬膳カリィ」とするのが定説。スープカレーという名前自体は、広く知られる名店「マジックスパイス」によって広まったとされる。

Q1 現在アメリカで発行されている硬貨のうち、通称を「ニッケル」と呼ぶのは額面が何セントのもの?

東大生
正解率
30%

Q2 煮崩れを防ぐため、ダイコンやニンジンを煮る際にあらかじめ角を削り落とすことを何という?

東大生
正解率
30%

Q3 3桁番号サービスで「災害用伝言ダイヤル」は何番?

東大生
正解率
25%

Q4 おせち料理に使われる「かずのこ」。何という魚の卵?

東大生
正解率
25%

解答
ANSWER

3桁番号サービスがこのページでも出題されている！ 周辺知識を覚えることがいかに大事かわかりますね

A1 5セント

解説

19世紀より小銭のことを材料から「ニッケル」と呼んでおり、それが転用されたというのが名前の有力な由来である。現在のは第3代大統領のトマス・ジェファーソンと、彼の邸宅モンティチェロが描かれている。

A2 面取り

解説

野菜の角の部分は火の通りがほかの部分に比べて早く、崩れやすくなる。面取りを行うことで均一に火が通るようになるのである。料理に限らず、工作物の角または隅を斜めに削ることも「面取り」と呼ばれる。

A3 171

解説

被災地の人は171にかけてメッセージを録音し、被災地以外の関係者は171にかけ、電話番号を入力してメッセージを再生する。

A4 ニシン

解説

「かどの子」がなまったものであり、近世までニシンのことを「かど」と呼んでいたことの名残だとする説が有力である。昭和の中頃までは投機の対象にもなったため「黄色いダイヤ」などとも呼ばれた。

Q1 七味唐辛子などに入っている
「陳皮」って何の皮？

 東大生
正解率
25%

 Q2 「鉄砲巻き」とは、
具材に何を使った
のり巻きのこと？

 東大生
正解率
25%

 Q3 「TSAロック」はどんなものについている？

 東大生
正解率
20%

 Q4 音楽ファイルの形式「ハイレゾ」とは、
何ということばの略？

 東大生
正解率
20%

解答
ANSWER

TSAロックのことを知らずに海外旅行すると、スーツケース壊されちゃう可能性あるんですね。危ない……

A1 みかん

解説

七味唐辛子はベースとなる唐辛子に山椒、黒ごま、けしの実などを入れて作られる。その中の一つである陳皮はみかんの皮を乾燥させたもの。

A2 かんぴょう

解説

黒い細身の姿が鉄砲を想像させることからこう呼ばれる。北海道の郷土料理「鉄砲汁」はかにを使った料理で、「鉄砲鍋」といえば一般的にはふぐが入った鍋料理をさすなど、各料理ごとにややこしい名称がある。

A3 スーツケース

解説

「キャリーバッグ」「キャリーケース」でも正解。アメリカの空港などでは施錠されたスーツケースは保安上、中の確認のため錠を破壊しても問題ないが、TSAロック搭載のものは運輸保安庁係官が専用の合鍵で開錠し、破壊せず中を確認可能である。

A4 ハイレゾリューション

解説

CDよりもはるかに多くの情報量をもつため、細かいニュアンスまで聴き取れる一方、同じ曲でもより大きなデータ容量が必要となる。人気が高まる一方で、科学的には明確な聞き分けが不可能であるという趣旨の論文も出ている。

Q1 日本の国鳥はキジ。では
日本の国蝶に選ばれているのは何?

東大生
正解率
20%

Q2 鬼ごっこで、鬼に追われる人の
ことを何という?

東大生
正解率
15%

Q3 カクテルで、ダイキリやモヒートの
ベースとなるお酒は何?

東大生
正解率
15%

Q4 イタリアのパスタ「コンキリエ」は、
どんなものの形を模している?

東大生
正解率
10%

解答
ANSWER

人生で鬼ごっこを幾度となくやってきたが、追われる側を「子」と呼んだことは一度もないですね

A1 オオムラサキ

解説

日本昆虫学会が1957年の総会で国蝶に選出。キジが国鳥であることも日本鳥学会が選定したもので、どちらも法律や条例で定めているわけではない。

A2 子

解説

日本体育協会のホームページなどでも「子」という呼び名が使われている。鬼ごっこは一説には「鬼追い」と呼ばれる神事を子供が遊びにしたものである。

A3 ラム酒

解説

ダイキリはラムとライム汁をシェイクして作るカクテルで、キューバの鉱山の名前がついている。モヒートはラムに炭酸水や柑橘類、そしてミントを加えて作られる、飲みやすいカクテル。

A4 貝殻

解説

「コンキリエ」というイタリア語は日本語で「貝殻」という意味。その名の通り貝殻を模した形をしている。

Q1 京都銘菓「八ツ橋」の原料は何？

東大生
正解率
10%

Q2 暗い赤色をさす「バーガンディ」の
名前の由来となった飲み物は何？

東大生
正解率
10%

Q3 大型連休「ゴールデンウィーク」は
もともと何の業界の用語？

東大生
正解率
5%

Q4 靴ひもを靴に通すために
開けられた穴の
ことを何という？

東大生
正解率
5%

解答
ANSWER

A1 米

解説

八ツ橋自体がいつ誕生したのかは不明だが、明治期より京都を代表する焼き菓子として人気を博した。第二次世界大戦後、蒸し終えて薄く伸ばした生地を焼かない「生八ツ橋」が考案された。

A2 赤ワイン

解説

バーガンディとは、ブルゴーニュワインの英語での呼び方。そのブルゴーニュで生産されている赤ワインのような、紫がかった暗い赤色をさして用いられる。同じく色の名前であるワインレッドは、バーガンディより明るい色合いである。

A3 映画

解説

1951年、映画『自由学校』を5月頭の連休シーズンに公開したところ大ヒット大収益。そのためこの期間は映画業界で「ゴールデンウィーク」と呼ばれるように。

A4 鳩目（はとめ）

解説

鳩の目に似ていることからそう呼ばれるという説が有力。靴ひもの端についている、通しやすくするためかたく加工した部分のことは「アグレット」と呼ぶ。

Q1 二十四節気のうち、漢字の「小」が
つくのは小暑、小寒、小雪と何？

東大生
正解率
5%

Q2 野菜をカロテンの含有量で
2つに分類すると、カロテンが
多い緑黄色野菜と、少ない何？

東大生
正解率
5%

Q3 JRで、団体割引が
適用されるのは何人以上？

東大生
正解率
0%

団体割引の問題、「5人」とか「10人」とか、キリのいい数字じゃないので勘では当たらないという難問

A1 小満
（しょうまん）

解説

二十四節気とは各季節をさらに六つに分けたもの。小満は5月21日ごろをさし、「万物が次第に成長して、一定の大きさに達してくるころ」とされている。

A2 淡色野菜

解説

緑黄色野菜という分類は、その色には関係なくカロテンという物質の量によるものである。そのため、鮮やかな色合いのナスやキュウリも淡色野菜に分類されている。

A3 8人

解説

一般なら乗車する時期によって10％もしくは15％の割引が適用される。修学旅行など、団体旅行申込書が提出された場合には、50％引きになるケースも。

Q1 「衣かつぎ」とは、何を蒸した料理?

東大生
正解率
0%

Q2 懐石料理に出てくるあっさりした
お吸い物を何と呼ぶ?

東大生
正解率
0%

Q3 歯の検査で虫歯を表す「C」は
何ということばの頭文字?

東大生
正解率
0%

解答
ANSWER

「箸洗い」という言葉、旅館に行ったときに聞いたことある人もいるのではないでしょうか。旅行行きたい

		解説	

A1 サトイモ

解説

皮つきで蒸された状態を、衣を頭からかぶる（かづぐ）平安時代の女性の装束になぞらえて名づけたもの。2016年度のサトイモ生産量第1位の都道府県は千葉県である。

A2 箸洗い
はしあら

解説

口直しの吸い物で、一汁三菜が出たあと、コースとしては中盤に供される。その後は季節感のある一口料理を集めた「八寸（はっすん）」、ご飯物、漬け物などへと進んでいく。

A3 カリエス（Caries）

解説

カリエスとは骨が壊れた状態をさす言葉で、歯については日本語で「う蝕（しょく）」とも呼ばれる。歯のカルシウムが溶け出して欠けていく、いわゆる虫歯と呼ばれる状態になる。

Q1 金婚式は結婚50周年、
銀婚式は結婚25周年。
では、銅婚式は結婚何周年?

東大生
正解率
0%

Q2 「ぼっち盛り」と呼ばれる
独特の盛りつけで
知られる、長野県のそばは何?

東大生
正解率
0%

Q3 大きくアジア型とエルトール型に
分けられる感染症は何?

東大生
正解率
0%

解答
ANSWER

かかるところりと死んでしまうことから「ころり」の別名もあるって、さらっと怖いこと書かれてるな……

A1 7周年

解説

結婚の周年祝いにはさまざまな呼び名がつけられており、1年目は紙婚式、10年目は錫（すず）婚式、40年目はルビー婚式、45年目はサファイア婚式など多岐にわたる。呼び名自体は各国でそれぞれ違いがある。

A2 戸隠そば

解説

岩手県のわんこそば、島根県の出雲そばと並び日本三大そばに数えられている。山深い戸隠には山岳修行者が多く、彼らが携行食として持っていた餅に近い形をしたそばがその発祥とされている。

A3 コレラ

解説

コレラは低体温と極度の脱水を引き起こす細菌で、毒性は強いが感染力の低いアジア型と、毒性は弱いが長く流行するエルトール型がある。昔の日本では、かかるところりと死んでしまったことから「ころり」ともいった。

目指せクイズ王!

ライフ 全41問

RANK S

正解数 **31 ～ 41**

キングオブライフ!
身の回りのことを
知り尽くしているんですね!

RANK A

正解数 **20 ～ 30**

高得点だと思います!
この調子で今後も
知識を増やしていきましょう

RANK B

正解数 **10 ～ 19**

まずまずの出来。間違えた問題を
復習すれば、着実に知識は
増えていきますよ!

RANK C

正解数 **0 ～ 9**

自分の興味あることから、
少しずつ知識をつけていきましょう

STAGE 9
ノンジャンル

ノンジャンル 言い方変えりゃ オールジャンル（字余り）。分類できないものの集まりだからこそ、日常に転がっている「知」をどれだけ拾い上げられたのか、手広く再確認できるのかも？　日々の自分を、クイズで振り返りましょう。

出題者
伊沢拓司
Takushi Izawa

Q1 スピーカーから出た音をマイクが拾ってしまい、不快で大きな音が鳴ってしまう現象を何という?

東大生
正解率
95%

Q2 手袋の中でも特に、親指だけが分離していて、ほかの指が一つにまとめられているものを何という?

東大生
正解率
95%

Q3 「白寿」って何歳のお祝い?

東大生
正解率
90%

Q4 音楽などのデータを保存する「CD」は何という言葉の略?

東大生
正解率
85%

解答
ANSWER

DVDのVは"Video"と思いきや "Versatile"の略。日本語に訳せば「多用途」。確かに、ビデオも写真も記録できるしなぁ

A1 ハウリング

解説

英語で「遠吠え」の意味。特定の周波数が増幅された雑音で、機材のレイアウト変更などで対処する。珍しいところでは補聴器でも起きることがある。

A2 ミトン

解説

手袋は問題のミトンと5本指のグローブに分けられる。野球でおなじみの「ミット」はミトンの同義語。また、ボクシングのグローブは定義的にはミットである。

A3 99歳

解説

「百」から「一」を引くと「白」になることから。そのほかにも77歳を祝う「喜寿」は「喜」の草書体が「七十七」に見えることから、88歳を祝う「米寿」は「米」が「八十八」に見えることから名づけられている。

A4 コンパクトディスク

解説

70年代に日本のソニーとオランダのフィリップスが共同開発、音楽では80分ほどを保存できる。現在は直径12cmのものが主流だが、かつては直径8cmのものがシングル楽曲によく使われた。

Q1 フランスの発電電力量の
最も多くを占めるのは何発電？

東大生
正解率
80%

Q2 裏に富士山が描かれている、
現在日本で流通している紙幣は何？

東大生
正解率
75%

Q3 英語で "donkey" という動物は何？

東大生
正解率
75%

Q4 ドイツ語で「地面」という意味がある、
スキー場をさす言葉は何？

東大生
正解率
75%

解答
ANSWER

「ゲレンデがとけるほど恋したい」というフレーズ、一生かかっても思いつけなさそうですごい。ハンパない熱移動

A1 原子力発電	解説	オイルショック以後、フランスではエネルギー分野で他国に依存することへの反発が強まり、原発を積極採用した。現在でも支持は根強いが、福島第一原発の事故後は縮小への動きも起こっている。
A2 千円札	解説	本栖湖（もとすこ）から見た逆さ富士が裏面に描かれている。写真家・岡田紅陽の作品「湖畔の春」を元にした図柄である。なお、2024年度から発行される新千円札の裏面には、葛飾北斎の浮世絵「神奈川沖浪裏」が採用される。
A3 ロバ	解説	アメリカでは民主党を象徴する（共和党はゾウ）。「まぬけ」という意味もあり、任天堂の「ドンキーコング」はこちらから名づけられた。
A4 ゲレンデ	解説	登山の練習場やオリエンテーリングが行われる場所もゲレンデと呼ばれる。混同されがちだが「シャンツェ」は「スキーのジャンプ台」をあらわす言葉。

Q1 X線を発見したドイツの
物理学者は誰?

東大生
正解率
75%

Q2 野球の公式球にある縫い目と
除夜の鐘をつく回数に
共通する数はいくつ?

東大生
正解率
70%

Q3 ピンキーリングは
どの指につける指輪?

東大生
正解率
55%

Q4 全長120mと世界で最も高いブロンズ像
である、茨城県にある大仏は何?

東大生
正解率
55%

解答
ANSWER

108歳のお祝いは「茶寿」。「十、十、八十八」に分解して、それらを足したら……とのこと。無理すんなって

A1	ヴィルヘルム・レントゲン	解説	1895年、ドイツで研究をしていたレントゲンは、光のような性質だが見ることのできない放射線を発見し、未知であることから「X線」と命名した。この業績から、レントゲンは第1回ノーベル物理学賞を受賞している。
A2	108	解説	日本の野球には硬式球、準硬式球、軟式球の三つの規格が存在。縫い目が108の公式球は硬式球の中でプロ野球に使われるもの。
A3	小指	解説	細い小指につけるため抜けやすく、ほかの指に比べ余裕の少ないものを選ぶテクニックがある。最も外側に位置するため、側面を重視するデザインも人気。
A4	牛久大仏	解説	1992年に完成。地上約85m付近にある胸部分の縦スリットから外の景色を見ることができる。内部には仏教世界を再現した展示もある。

Q1 鉛筆の硬さをあらわすアルファベット。
HはHardの略、ではBは？

東大生
正解率
45%

Q2 世界で最も信者の多い宗教は何？

東大生
正解率
45%

Q3 バイオリンの弦は何本？

東大生
正解率
40%

Q4 扇がバラバラにならないように、根元を
留めている部分のことを何という？

東大生
正解率
40%

解答
ANSWER

バイオリンの弦の名前は、弦を押さえないで弾いたときに出る音の名前と同じ。G線は「ソ」の音が鳴ります

A1 Black
ブラック

解説 一般的に鉛筆の硬さには軟らかい「6B」から、硬い「9H」までの17種類がある。2B、B、HBときて、次は「F」。このFの次にHがきて、ここから2H、3Hと増えていく。

A2 キリスト教

解説 キリスト教徒は全世界に約20億人いると推定されており、第2位は推定16億人のイスラム教徒。日本でいわれる「世界三大宗教」にはこれらと仏教が含まれるが、ヒンズー教徒のほうが仏教徒よりも人口は多い。

A3 4本

解説 高い音を出す弦から順にE線・A線・D線・G線と呼ばれる。バッハの作品として知られる『G線上のアリア』は、G線のみで演奏できるよう後年編曲されたものである。

A4 要
かなめ

解説 「要」という言葉はもともと扇のパーツをさす。見た目が蟹の目に似ていることから「カニノメ」という語が変化したとされてる。

194

Q1 手首につける装飾品は「ブレスレット」。
では足首につける装飾品を何という？

東大生
正解率
40%

Q2 調味料の由来となった
「タバスコ州」や犬の品種の由来と
なった「チワワ州」がある国はどこ？

東大生
正解率
40%

Q3 林 芙美子が、小説『浮雲』の中で
「月のうち35日は雨」と表現した島はどこ？

東大生
正解率
35%

Q4 ロボロフスキー、ジャンガリアン、
ゴールデンといえば
どんな生き物の品種？

東大生
正解率
30%

解答
ANSWER

チワワもハムスターも、過酷な環境の出身。彼らの可愛さの裏には、生きていくための苦労があるのだ。多分

A1 アンクレット

解説

世界各地の民族において、主に女性がつけるものとされてきた。現代の日本においては、左足につけると恋人あり、右足につけると恋人募集中を意味する。

A2 メキシコ

解説

メキシコに州は32ある。チワワ州はアメリカと接している同国最大の州で、チワワのかわいらしいイメージとは裏腹に、麻薬密売組織による抗争が多発している場所でもある。

A3 屋久島

解説

海に囲まれた屋久島は湿潤な気候であり、山間部では年間10000ミリという多量の雨が降る。中央にそびえる宮之浦岳は九州の最高峰で、積雪が観測される。豊かな自然は1993年に世界自然遺産に指定された。

A4 ハムスター

解説

原産地はヨーロッパからアジアの平原地帯であり、地面に穴を掘って暮らす。自分のふんを食べる習性があるが、より多くの栄養を得るための行動といわれている。

Q1 縦軸に平均気温、横軸に平均降水量を
とり、各月の気温と降水量が
一致する点を1月から12月まで
結んだグラフを何という?

東大生
正解率
25%

Q2 通称を「ピンクハウス」というのは、
どこの国の大統領官邸?

東大生
正解率
20%

Q3 100分の1インチを1とする、
パソコンのマウスの移動の単位は何?

東大生
正解率
20%

Q4 競技かるたにおいて、
自陣・敵陣ともに最後の1枚になった
状況のことを何という?

東大生
正解率
20%

解答
ANSWER

沖縄のハイサーグラフだけハイサイグラフと呼ぶのはどうだい？

A1 ハイサーグラフ

解説

各地の気候を分類する際に目安として用いることができる。たとえば砂漠気候なら縦軸上に張りつくような形になる。

A2 アルゼンチン

解説

その名の通り外観がピンク色をしており、正式な名前を「カサ・ロサダ」という。スペイン語で「ピンク色の館」という意味である。

A3 ミッキー

解説

ディズニーキャラクター「ミッキーマウス」から。100分の1インチは約0.25ミリで、画面上の動きとの比率を表す「ミッキー／ドット比」などで用いられる。

A4 運命戦

解説

競技かるたにおいては、自陣の札を読まれたほうが有利である。つまり、自陣と敵陣の札のどちらが読まれるかに勝負の大勢が委ねられている状態であることから、「運命」という呼び名がつけられた。

Q1 手足の関節にできるゼリー状の
腫瘍を何という?

東大生
正解率
10%

Q2 イギリスの小説家ホレス・
ウォルポールによって造語された、
思いがけないことを運良く
発見することをさす言葉は何?

東大生
正解率
10%

Q3 印鑑の上下を判断する
ためにつけられる
加工のことを何という?

東大生
正解率
5%

Q4 地球から見たとき、太陽を
除くと最も明るい恒星は
おおいぬ座のシリウス。
では2番目はりゅうこつ座の何?

東大生
正解率
5%

解答
ANSWER

「あたりさわりのないはんこ」と「あたりさぐりのないはんこ」じゃ大違いだねぇ

A1 ガングリオン

解説

針で腫瘍を刺して、内部からゼリー状の液が出てきたら診断がつく。「聖書だこ」という別名も知られており、由来は諸説あるが、聖書などの重い本でつぶしたからという説が有名。

A2 セレンディピティ

解説

たまたま眼前で起こった現象や実験の失敗などから新たなことを発見する力をさして呼ばれることが多く、ノーベルによるダイナマイトの発明や、フレミングによるペニシリンの発見などがその好例とされる。

A3 あたり

解説

「さぐり」でも正解。あたりをつけること、指で探ることから。高価な印鑑にはつけられていないことが多く、この理由には高価な印鑑は自分の分身であるため、などの説がある。

A4 カノープス

解説

りゅうこつ座は南天の星座であるため、南半球ではよく見えるが、日本からはあまり見えない。中国では「南極老人星」と呼ばれ、この星を見た者は長寿になるという伝説もある。

Q1 日本語では「幼形成熟」という、動物が幼生の外見を残したままで生殖可能な状態へと成長することを何という？

東大生
正解率
5%

Q2 砂時計のくびれの部分のことを何という？

東大生
正解率
0%

Q3 着物や和服の保管に使う紙のことを何という？

東大生
正解率
0%

Q4 図書館などに設置されている、仕切りなどで個人用の閲覧スペースが確保された机を何という？

東大生
正解率
0%

解 答
ANSWER

スーパーに置いてある袋詰用の机は「サッカー台」。スポーツではなく、袋を意味する"sack"に由来している

A1 ネオテニー

解説

メキシコサンショウウオの幼形成熟体は「アホロートル」もしくは「ウーパールーパー」として日本でも知られている。また、ヒトがチンパンジーのネオテニーであるという進化論上の仮説が存在する。

A2 オリフィス

解説

オリフィスはもともと液体が流れ出る開口部や「しぼり」を指す言葉であり、砂時計のくびれにも転用された。その形状から「蜂の腰」とも呼ばれる。

A3 畳紙 (たとうがみ)

解説

その多くは渋や漆を塗ったうえであらかじめ折り目をつけてある。そのため、和紙の通気性と丈夫さを併せ持ち、除湿効果が期待でき、保管に適している。

A4 キャレル

解説

本来は図書館内の個人用閲覧室のことであったが、転じて書庫内の閲覧者用デスクをさすようになった。

Q1 製造している会社の名前がついている、投票箱の中でひとりでに開く、日本の国政選挙で投票用紙に多く用いられている特殊な紙は何?

東大生正解率
0%

Q2 一般的なタロットカードは大アルカナ・小アルカナ合わせて一組何枚?

東大生正解率
0%

Q3 演劇において、観客から見えない位置から演者にセリフや仕草を教える人のことを何という?

東大生正解率
0%

Q4 大物政治家の下につき、挙手要員となっている議員のことを何と呼ぶ?

東大生正解率
0%

解答
ANSWER

アメリカ大統領の演説時、両脇に透明なパネルがあるのを見たことありませんか？　あれもプロンプターです

A1 ユポ

解説

パルプを使わず、ポリプロピレンを主原料として作られている紙であり、その性質が評価されて1980年代ごろより選挙に使われ始めた。投票用紙のほかにもポスターやラベルなど多岐にわたって用いられている。

A2 78枚

解説

大アルカナが22枚、小アルカナが56枚。一般にタロットカードは大アルカナのみをさす場合も多い。

A3 プロンプター

解説

伝統的な劇場の中には、プロンプト・ボックスという、プロンプターのためのスペースがあるところもある。講演会などで演者に原稿を表示する機械もプロンプターと呼ばれる。

A4 陣笠議員
じんがさ

解説

自分からは政策立案などをせず、大物政治家に守られながら自己利益の実現を目指している政治家を揶揄して用いられる。室町時代、陣中で下級の武士が陣笠をかぶっていたことが由来とされている。

Q1 「MRI画像」などというときの
「MRI」とは何という英語の略?

東大生
正解率
0%

Q2 物語の構成で泥棒がねらう宝石など、
登場人物や読者にとっては重要だが、
作品の構造からは置き換えが
可能なものを何という?

東大生
正解率
0%

Q3 テレビやラジオのCMの中で、
番組開始前に流れるものを何という?

東大生
正解率
0%

解答
ANSWER

「岡村靖幸さらにライムスター」(これがアーティスト名)の『マクガフィン』はカッチョいい名曲です

A1
Magnetic (マグネティック)
Resonance (レゾナンス)
Imaging (イメージング)

解説

日本語では「核磁気共鳴映像法」と呼ばれる方法で、強力な磁場を用いて体内の水素を写し取る。水分を多く含む脳や血管を見るのに効果的であり、逆に循環器などを見るときに用いられるのはCT(Computed Tomography)である。

A2
マクガフィン

解説

映画監督のアルフレッド・ヒッチコックが自身の作品を説明する際によく使ったことばである。ヒッチコックにとってはマクガフィンは作品上どうでもよいことであり、そこにこだわるべきではないという文脈で用いることが多かった。

A3
カウキャッチャー

解説

番組終了後に流れるCMは「ヒッチハイク」と呼ばれる。「カウキャッチャー」とはもともと機関車の先頭に取りつけられていた牛よけのことであり、番組の直前に流れるというところからこの名がつけられた。

Q1 同じ種類の切手が、シートの中の
隣どうしで、一方が逆向きに
印刷されているものを何という?

東大生
正解率
0%

Q2 お店のレジなどで、支払いのために
使われる小さな皿のことを
フランス語で何という?

東大生
正解率
0%

Q3 シャムネコとペルシャネコを
交配させてつくられた、
人気の猫の品種は何?

東大生
正解率
0%

解答
ANSWER

> 切手の収集家のことをフィラテリストと言います。テート・ベッシュは彼らに大人気

A1 テート・ベッシュ

解説 日本では過去に一度、札幌オリンピック冬季大会を記念して20円切手2種類と50円切手が発行されたのみである。隣同士の2枚1組は切り離さずにコレクションするべきとされており、切り離すと価値が大きく下がってしまう。

A2 カルトン

解説 別名をキャッシュトレイとも。フランス語の"carton"は「厚紙」を意味することばで、もともとはボール紙で作られていたことに由来する。漫画をあらわす「カートゥーン」も同じ語源。

A3 ヒマラヤン

解説 20世紀になって誕生した新しい品種であり、静かで温和な性格から人気の飼い猫である。タイの猫であるシャムとイランの猫であるペルシャをかけ合わせたため、その中間にあるヒマラヤの名前がとられたといわれている。

目指せクイズ王！

ノンジャンル 全42問

RANK S

正解数 32 〜 42

グッジョブ！
日常の知への敏感さから
生まれた結果ですね

RANK A

正解数 21 〜 31

あと一歩！
苦手なジャンルがあったら、
克服のきっかけに

RANK B

正解数 10 〜 20

悔しい！　と思えたらいいこと。
日常の意識が変わるはず

RANK C

正解数 0 〜 9

クイズをきっかけに、
興味のなかったものにも注目してみよう

....

　ここまで読んでくださったみなさま、ありがとう
ございました。

　私はこの本に一問でも「印象に残った問題」「あ
とでふと思い出す問題」があればいいな、と思って
います。

　クイズの印象は、正解して残るときもあれば、誤
答して残るときもあります。たまたま知っていて嬉
しいことも、勉強の成果が出て嬉しいこともありま
す。

　誤答ひとつとっても「聞いたことあるのに答えだ
け出てこない！」みたいな悔しさにも、「面白い知
識に出会えた！」という喜びにもつながります。

　今は印象に残らなくてもその知識に再会したとき
ふと思い出す、そんな印象もあるかもしれません。

　そうした感情の動きを簡単に得られることこそが、
クイズの面白みだなと私は考えています。そして、
その間口が広いこともまたクイズの魅力です。

人は必ず何かしらの知識を持っていて、その総体は一人ひとり異なっています。自分が知っていて相手が知らないことが必ずあります。一問単位で見たら、誰にでもチャンスはあるのです。

　本書は、そうしたチャンスをたくさんつくりたいな、と思ってできた作品です。その一端に触れた方は、ぜひ色々なクイズに手を出してみてください。

　きっと、あなたの心に残り続ける素敵な知に出会えるはずです。

　最後に、本書の原稿を共につくってくださった主婦の友社の一久保さん、文庫化にご尽力くださった三笠書房の小野寺さん、QuizKnockに携わるすべての人に御礼申し上げます。

　また、色々なところで。

伊沢拓司

イラスト
いしかわみき

写真
PIXTA

本書は、主婦の友社より刊行された『無敵の東大脳クイズ』を、文庫収録
にあたり再編集のうえ、改題したものです。

QuizKnock（くいず・のっく）

東大クイズ王・伊沢拓司が中心となって運営する、エンタメと知を融合させたメディア。YouTube チャンネルの登録者数は、2020年7月時点で140万人を突破！

知的生きかた文庫

東大脳クイズ──
「知識」と「思考力」がいっきに身につく

著　者　QuizKnock

発行者　押鐘太陽

発行所　株式会社三笠書房

〒一〇二─〇〇七二　東京都千代田区飯田橋三─三─一
電話〇三─五二二六─五七三四〈営業部〉
　　　〇三─五二二六─五七三一〈編集部〉

https://www.mikasashobo.co.jp

印刷　誠宏印刷

製本　若林製本工場

本は10冊同時に読め！

成毛 眞

本は最後まで読む必要はない、仕事とは直接関係のない本を読め、読書メモはとるな――これまでの読書術の常識を覆す、画期的読書術！　人生が劇的に面白くなる！

このムダな努力をやめなさい

成毛 眞

努力には時間もお金もかかるから、「選別」する必要がある。好きなこと、得意なことだけが生きる武器になる！　マイクロソフト元社長が説く、型破りの仕事論・人生論！

「1冊10分」で読める速読術

佐々木豊文

音声化しないで1行を1秒で読む、瞬時に行末と次の行頭を読む、漢字とカタカナだけを高速で追う……あなたの常識を引っ繰り返す本の読み方・生かし方！

読書は「アウトプット」が99％

藤井孝一

「読後に何をするか」で、リターンは10倍にも20倍にもなる！　本物の〝使える知識〟が身につく、本の「読み方・選び方・活かし方」！

頭のいい説明「すぐできる」コツ

鶴野充茂

「大きな情報→小さな情報の順で説明する」「事実＋意見を基本形にする」など、仕事で確実に迅速に「人を動かす話し方」を多数紹介。ビジネスマン必読の1冊！

C50345

どうしてこうなった!?
奇跡の「地球絶景」
ライフサイエンス

不思議で神秘的、ちょっと怖くて圧倒的、そしてなにより美しい絶景の数々。大地・気象・生命・水…自然が創る驚きに満ちた景観をオールカラーで紹介!

ハッブル宇宙望遠鏡 宇宙の絶景
沼澤茂美・脇屋奈々代

スペースシャトルで打ち上げられた宇宙望遠鏡が25年間に撮影した、息をのむほど美しい衝撃の「宇宙画像」をカラーで紹介! 宇宙の最新情報も満載!

知れば知るほど面白い
科学のふしぎ雑学
小谷太郎

温泉はどこから湧いてくる? 人工衛星はなぜ落ちない? なぜスマホで通話ができる? 世の中に満ちあふれる素朴な疑問に科学で答える雑学の本!

知れば知るほど面白い宇宙の謎
小谷太郎

宇宙はどのように「誕生」したか? 宇宙に「果て」はあるのか? ないのか? 「最期」はどうなるか? 元NASA研究員の著者が「宇宙の謎」に迫る!

この一冊で「聖書」がわかる!
白取春彦

世界最大、2000年のベストセラー! "そこ"には何が書かれているのか? 旧約、新約のあらすじから、ユダヤ教、キリスト教、イスラム教まで。最強の入門書!

時間を忘れるほど面白い
雑学の本

竹内 均【編】

1分で頭と心に「知的な興奮」！身近に使う言葉や、何気なく見ているものの面白い裏側を紹介。毎日がもっと楽しくなるネタが満載の一冊です！

もののはじまり
おもしろ雑学

本郷陽二

なぜ寿司屋でお茶のことを「あがり」という？　「ヨガ」を広めたのは、日本のスパイ!?　思わず誰かに話したくなる、面白くてタメになる「はじまりの物語」。

知れば知るほど面白い
世界の「国旗・国歌・国名」
なるほど！雑学

ライフサイエンス

スペインの国歌斉唱では、なぜ誰も歌わない？　「スイス」という国名の国はない？　世界の国旗・国歌・国名、通貨のおもしろ雑学を紹介！

関東と関西　ここまで違う！
おもしろ雑学

ライフサイエンス

永遠のライバル、関東と関西！　食べ物や言葉づかい、交通、ビジネスなど、さまざまな観点から両者を徹底比較！　違いの背景にある、意外なウラ話をお楽しみあれ！

面白いほど世界がわかる
「地理」の本

高橋伸夫
井田仁康【編著】

経済・歴史・政治……世界の重要知識は「地理」で説明できる！　本書では世界の自然、人、国を全解説。ニュースに出てくる国の知識もスッキリわかります！